Wassila Baghli
Badr Benmammar

Radio Cognitive

Asma Amraoui
Wassila Baghli
Badr Benmammar

Radio Cognitive

Synthèse de profils applicatifs

Éditions universitaires européennes

Mentions légales / Imprint (applicable pour l'Allemagne seulement / only for Germany)
Information bibliographique publiée par la Deutsche Nationalbibliothek: La Deutsche Nationalbibliothek inscrit cette publication à la Deutsche Nationalbibliografie; des données bibliographiques détaillées sont disponibles sur internet à l'adresse http://dnb.d-nb.de.
Toutes marques et noms de produits mentionnés dans ce livre demeurent sous la protection des marques, des marques déposées et des brevets, et sont des marques ou des marques déposées de leurs détenteurs respectifs. L'utilisation des marques, noms de produits, noms communs, noms commerciaux, descriptions de produits, etc, même sans qu'ils soient mentionnés de façon particulière dans ce livre ne signifie en aucune façon que ces noms peuvent être utilisés sans restriction à l'égard de la législation pour la protection des marques et des marques déposées et pourraient donc être utilisés par quiconque.

Photo de la couverture: www.ingimage.com

Editeur: Éditions universitaires européennes est une marque déposée de
Südwestdeutscher Verlag für Hochschulschriften GmbH & Co. KG
Heinrich-Böcking-Str. 6-8, 66121 Sarrebruck, Allemagne
Téléphone +49 681 37 20 271-1, Fax +49 681 37 20 271-0
Email: info@editions-ue.com

Produit en Allemagne:
Schaltungsdienst Lange o.H.G., Berlin
Books on Demand GmbH, Norderstedt
Reha GmbH, Saarbrücken
Amazon Distribution GmbH, Leipzig
ISBN: 978-613-1-53700-4

Imprint (only for USA, GB)
Bibliographic information published by the Deutsche Nationalbibliothek: The Deutsche Nationalbibliothek lists this publication in the Deutsche Nationalbibliografie; detailed bibliographic data are available in the Internet at http://dnb.d-nb.de.
Any brand names and product names mentioned in this book are subject to trademark, brand or patent protection and are trademarks or registered trademarks of their respective holders. The use of brand names, product names, common names, trade names, product descriptions etc. even without a particular marking in this works is in no way to be construed to mean that such names may be regarded as unrestricted in respect of trademark and brand protection legislation and could thus be used by anyone.

Cover image: www.ingimage.com

Publisher: Éditions universitaires européennes is an imprint of the publishing house
Südwestdeutscher Verlag für Hochschulschriften GmbH & Co. KG
Heinrich-Böcking-Str. 6-8, 66121 Saarbrücken, Germany
Phone +49 681 3720-310, Fax +49 681 3720-3109
Email: info@editions-ue.com

Printed in the U.S.A.
Printed in the U.K. by (see last page)
ISBN: 978-613-1-53700-4

Remerciements

Nos remerciements les plus sincères vont aux personnes qui nous ont apporté leur contribution, leur collaboration et leur soutien et qui nous ont aidé de près ou de loin pour la réalisation de ce livre.

Nous tenons à exprimer notre gratitude à notre encadreur Badr BENMAMMAR qui nous a proposé ce thème, nous a prêté de son temps le plus précieux et nous a aidé par ses précieuses directives.

Nous remercions les membres du jury pour avoir accepté de nous prêter leur attention et évaluer notre travail.

Dédicaces

Je dédie ce travail

A mes très chers parents qui ont toujours été là pour moi, et qui m'ont donné un magnifique modèle de labeur et de persévérance,

A mes chères sœurs pour leur soutien moral tout au long de ma formation,

A ma famille et à tous mes amis,

A mon binôme BAGHLI Wassila.

Asma

Je dédie ce travail

A tous mes parents et enseignants qui ont contribué à mon éducation,

A tous mes amis proches et lointains,

A mon binôme Asma AMRAOUI pour son sérieux et sa détermination.

Wassila

Table des matières

Liste des figures

Liste des tableaux

Introduction générale

Nous assistons actuellement à la multiplication des normes et des standards de télécommunication vu les progrès récents dans ce domaine. Le nombre croissant de standards normalisés permet d'élargir l'éventail des offres et des services disponibles pour chaque consommateur, d'ailleurs, la plupart des radiofréquences disponibles ont déjà été allouées.

Une étude réalisée par la Federal Communications Commission (FCC) a montré que certaines bandes de fréquences sont partiellement occupées dans des emplacements particuliers et à des moments particuliers. Et c'est pour toutes ces raisons que la radio cognitive (RC) est apparue. L'idée de la RC est de partager le spectre entre un utilisateur dit primaire, et un utilisateur dit secondaire. L'objectif principal de cette gestion du spectre consiste à obtenir un taux maximum de l'exploitation du spectre radio.

Pour que cela fonctionne, l'utilisateur secondaire doit être capable de détecter l'espace blanc, de se configurer pour transmettre, de détecter le retour de l'utilisateur primaire et ensuite cesser de transmettre et chercher un autre espace blanc. Le standard IEEE 802.22, qui est basée sur ce concept, est actuellement en cours de développement.

1. Motivations

Pour utiliser la RC, il faut que le terminal soit intelligent, capable de détecter des bandes de fréquence libres et de se reconfigurer s'il se connecte à une technologie différente. En général, la RC peut améliorer largement la qualité de service (QoS) et améliorer la fiabilité du lien.

La problématique de nos travaux de recherche résidera dans la possibilité de proposer une technique qui permet d'améliorer la fiabilité du lien sans fil en utilisant la RC. Afin de proposer une méthode évolutive, il nous est apparu pertinent de choisir une des applications principales de la RC et d'imaginer le scénario sur lequel nous allons mettre en pratique notre approche. Nous désirons savoir exactement quand est ce qu'il faut utiliser la RC et quels seront les avantages en l'utilisant.

2. Contributions

Les services sans fil ont connu récemment un formidable succès puisque les utilisateurs apprécient de plus en plus le fait de pouvoir accéder à l'information n'importe où et n'importe quand. Cependant, les utilisateurs ont déclaré que les liens sans fil ne sont pas fiables et qu'il y a une incompatibilité avec la QoS.

Notre contribution dans le cadre de ce livre consiste à étudier l'amélioration de la fiabilité du lien sans fil en introduisant la radio cognitive, pour cela des techniques de l'apprentissage automatique sont utilisées. Dans notre cas, nous avons choisi le paramètre de QoS ''débit'' pour effectuer une classification supervisée et savoir quand utiliser la RC. Notre terminal est désormais intelligent vu qu'il a acquis une certaine expérience pour les prochains évènements. Après avoir mis en évidence le coté intelligent de la RC, nous avons mis en place plusieurs scénarios et une comparaison entre ces derniers a été faite. Les résultats obtenus nous ont permis de confirmer que l'utilisation de la RC a beaucoup d'avantages en matière de débit et de délai.

3. Organisation

Ce document se décompose en quatre chapitres qui se répartissent comme suit:

Le premier chapitre introduit le concept des ondes radio tout en présentant leurs caractéristiques les plus importantes, ensuite les différentes techniques de modulation et de multiplexage seront présentées. Enfin, une brève description sera donnée sur les diverses méthodes d'accès au spectre en utilisant des techniques de multiplexage.

Le deuxième chapitre se concentre sur la notion des réseaux sans fil et mobiles en présentant la différence entre ces deux termes. Nous allons commencer par décrire le principe général des réseaux sans fil, ainsi que les différentes catégories existantes qui sont séparées selon le périmètre géographique. Après cela, Nous parlerons de la nouvelle norme IEEE 802.22 qui est utilisée dans la RC et des différentes technologies qui utilisent les ondes radio pour leur fonctionnement. Enfin, nous allons présenter les réseaux mobiles en expliquant leur évolution à travers les générations.

Le troisième chapitre s'attarde à décrire le cadre général de notre livre à savoir la radio cognitive. Un petit aperçu sur la radio logicielle sera donné pour ensuite décrire la relation entre cette dernière et la RC. Par la suite, les différentes phases du cycle de cognition seront détaillées pour comprendre le fonctionnement exact de ce paradigme. Enfin, nous citerons quelques domaines d'application de la RC.

Le quatrième chapitre décrit l'application que nous avons retenue pour définir notre approche. Tous d'abord, nous parlerons de la fiabilité classique du lien sans fil pour ensuite voir la différence en introduisant la RC.

Pour mettre en pratique ceci, nous avons mis en place un scénario qui décrit le problème de la QoS auquel nous sommes confrontées. Par conséquent, nous avons divisé notre travail en deux parties: la première consiste à faire une classification de données en respectant le paramètre de la QoS qu'on a choisi. Une fois que les résultats sont obtenus, une expérimentation est effectuée pour montrer que la RC est la solution la plus efficace pour améliorer la fiabilité des liens sans fil.

CHAPITRE I

Ondes radio

I.1   Introduction

Une onde est une vibration qui se déplace, et du fait, la meilleure image qui vient à l'esprit est l'onde qui apparaît, se déplace et disparaît doucement à la surface d'une mare dans laquelle on a jeté un pavé. Le niveau de l'eau en un point donné monte et descend un certain nombre de fois par seconde. Les ondes à la surface de l'étang se propagent comme des cercles concentriques.

Cette onde est caractérisée par deux grandeurs physiques: la FRÉQUENCE qui représente le nombre d'oscillations du champ électromagnétique par seconde, (elle est mesurée en Hertz) et la LONGUEUR D'ONDE qui est la distance entre deux maxima de champ électromagnétique, en admettant que ce champ se propage à la vitesse de la lumière.

Les ondes radio sont modulées pour porter une information (un signal), qui en général ne peut pas être transmise sous sa forme.

Les messages analogiques et numériques fournis directement par les capteurs, microphones, caméra, lecteurs de disquettes ou CD Rom, sont appelés messages en bande de base. Il n'est pas possible en général de les transmettre sous cette forme car les canaux de transmission sont le plus souvent des systèmes résonnants.

Pour qu'un message soit transmis par voie hertzienne grâce à une antenne, il doit être transformé en un signal à bande étroite, cette transformation est appelée ''modulation''.

Après avoir transformé le message, il faut le multiplexer pour qu'il transite à travers un support accompagné d'autres messages, et donc le multiplexage est une technique qui consiste à faire passer plusieurs informations à travers un seul support de transmission. Dans ce premier chapitre nous présentons différentes notions concernant les ondes radio, la modulation, le multiplexage et quelques définitions sur les techniques d'accès multiple à un support commun.

I.2   Ondes radio

I.2.1   Définition

Une onde radioélectrique (dite onde radio) est une onde électromagnétique dont la fréquence est inférieure à 3 000 GHz, soit une longueur d'onde supérieure à 0,1 mm.

L'union internationale des télécommunications (UIT) a définit les ondes radioélectriques comme suit:

« Ondes électromagnétiques dont la fréquence est par convention inférieure à 3 000 GHz, se propageant dans l'espace sans guide artificiel » ; elles sont comprises entre 9 KHz et 3 000 GHz, ce qui correspond à des longueurs d'onde de 0,1 mm à 33 km.

Les ondes de fréquence inférieure à 9 KHz sont des ondes radio, mais ne sont pas réglementées. Les ondes de fréquence supérieure à 3 000 GHz sont classées dans les ondes infrarouges. Elles sont à la base des communications sans fil en général [1].

I.2.2   Types d'ondes

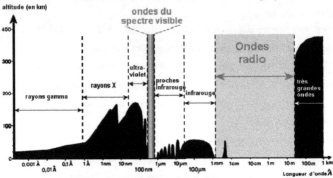

Figure I.1 : Ondes radio visibles au sol

La figure I.1 montre l'altitude à laquelle l'intensité des radiations dans les différentes longueurs d'ondes est diminuée de moitié. Une faible partie de ces longueurs d'ondes arrive jusqu'au sol. Par contre, les ondes du spectre visible et la plus grande partie des ondes radio ne sont pas arrêtées par les gaz de l'atmosphère et parviennent en quasi totalité jusqu'au sol [2].

Une onde radio est classée en fonction de sa fréquence. L'ensemble de ces fréquences constitue le spectre radiofréquence. La figure I.2 présente un exemple d'utilisation des ondes radio.

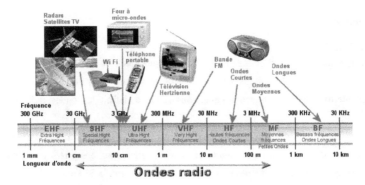

Figure I.2 : Exemple d'utilisation des ondes radio

I.2.3   Propagation des ondes

Comme toutes les ondes électromagnétiques, les ondes radio se propagent dans l'espace vide à la vitesse de la lumière et avec une atténuation proportionnelle au carré de la distance parcourue. Les ondes radio (notées RF pour Radio Frequency) se propagent en ligne droite dans plusieurs directions. La vitesse de propagation des ondes dans le vide est de 3.10^8 m/s.

Dans tout autre milieu, le signal subit un affaiblissement dû à la réflexion, la réfraction, la diffusion, l'interférence et l'absorption.

a. Réflexion

Lorsque le milieu change, une partie de l'onde électromagnétique repart vers le milieu d'origine. Le radar primaire exploite ce phénomène.

Lorsqu'une onde radio rencontre un obstacle, tout ou une partie de l'onde est réfléchie, avec une perte de puissance. La différence de temps de propagation (délai de propagation) entre deux signaux ayant emprunté des chemins différents peut provoquer des interférences au niveau du récepteur car les données reçues se chevauchent.

b. Réfraction

Lorsque le milieu change, l'onde se propage dans le second milieu mais avec une direction différente. Ceci a une grande influence sur la propagation des ondes radio.

c. Diffusion

Dans certains cas, lorsqu'une onde rencontre un corps dont le milieu est différent, la diffusion influe sur la longueur d'onde et la fait augmenter ou diminuer.

d. Interférences

Les ondes électromagnétiques sont sujettes aux interférences. Elles ont pour conséquences les parasites lors des transmissions radio.

e. Absorption

Lorsqu'une onde radio rencontre un obstacle, une partie de son énergie est absorbée et transformée en énergie, une partie continue à se propager de façon atténuée et une partie peut éventuellement être réfléchie.

On appelle atténuation d'un signal, la réduction de la puissance de celui-ci lors d'une transmission. L'atténuation augmente avec l'augmentation de la fréquence ou de la distance. De plus, lors de la collision avec un obstacle, la valeur de l'atténuation dépend fortement du matériau composant l'obstacle [3] [4].

I.3   Modulation

En télécommunication, le signal transportant une information passe par un moyen de transmission entre un émetteur et un récepteur. Le signal est rarement adapté à la transmission directe par le canal de communication choisi (hertzien, filaire ou optique). La modulation peut être définie comme le processus par lequel le signal est transformé de sa forme originale en une forme adaptée au canal de transmission, par exemple, en faisant varier les paramètres d'amplitude et d'argument (phase/fréquence) d'une onde sinusoïdale appelée porteuse.

La modulation permet de translater le spectre du message dans un domaine de fréquences qui est plus adapté au moyen de propagation et d'assurer après démodulation la qualité requise par les autres couches du système.

Dans l'empilement des protocoles du modèle OSI (Open Systems Interconnection), la modulation est l'élément principal de la couche physique [1].

❖ **Modulation d'amplitude**

La modulation d'amplitude (AM) consiste à faire varier l'amplitude d'un signal de fréquence élevée en fonction d'un signal de basse fréquence. Ce dernier est celui qui contient l'information à transmettre (voix recueillie par un microphone), le premier étant le signal porteur (porteuse).

❖ **Modulation de fréquence**

La modulation de fréquence (FM) consiste à transmettre un signal par la modulation de la fréquence de la porteuse. Elle permet de restituer la composante continue du signal, elle est utilisée en radiodiffusion haute fidélité, en diffusion de télévision par satellite et en transmission analogique d'images.

Les modems (modulateur - démodulateur) bas débit utilisent la modulation de fréquence, ainsi que les téléphones analogiques pour composer le numéro.

❖ **Modulation de phase**

La modulation de phase (PM) consiste à transmettre un signal par la modulation de la phase de la porteuse. Cette modulation est non linéaire. Elle est utilisée en radiotéléphonie VHF (Very High Frequency) et UHF (Ultra High Frequency).

Une modulation de phase précédée d'un filtrage étant équivalente à une modulation de fréquence, c'est aussi une façon de moduler en fréquence en radiotéléphonie.

Remarque: En modulation de fréquence, l'information est portée par une modification de la fréquence de la porteuse, et non pas par une variation d'amplitude. La modulation de fréquence est plus robuste que la modulation d'amplitude pour transmettre un message dans des conditions difficiles (atténuation et bruit importants).

I.4   Multiplexage

I.4.1   Définition

On appelle multiplexage, la capacité à transmettre sur un seul support physique (appelé voie haute vitesse) des données provenant de plusieurs paires d'équipements (émetteurs et récepteurs) ; on parle alors de voies basse vitesse [3].

Un multiplexeur permet de combiner les signaux provenant des émetteurs pour les faire transiter sur une voie haute vitesse.

Le démultiplexage consiste à répartir sur plusieurs lignes des informations qui arrivent en série sur une même ligne [5].

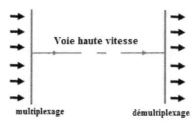

Figure I.3: Multiplexage

I.4.2   Accès multiple à un support commun

Un groupe d'utilisateurs peut disposer des mêmes ressources de transport:

- Sur un réseau d'entreprise.
- Sur le réseau d'accès constitué d'un câble coaxial (un réseau câblé).
- Sur un répéteur de satellite.

Pour éviter les conflits d'accès, les pertes d'information et d'éventuelles dégradations, des règles sont définies, qui s'apparentent aux processus de modulation. Trois catégories de techniques de copartage d'un même milieu de transmission sont employées [6]:

- Accès multiple à répartition dans le temps (TDMA).
- Accès multiple à répartition en fréquence (FDMA).
- Accès multiple à répartition en code (CDMA).

a.   Accès multiple à répartition dans le temps

Le TDMA (Time Division Multiple Access) est un mode de multiplexage. Il s'agit du multiplexage temporel, dont le principe est de découper le temps disponible entre les différentes connexions (utilisateurs). Par ce moyen, une fréquence peut être utilisée par plusieurs abonnés simultanément [1].

Ce type de communication est très employé dans les transmissions longues distances. En effet, le TDMA est une technique qui fonctionne essentiellement pour les communications nœud-à-nœud parce qu'un entrelacement précis des paquets est requis à la réception. Elle monopolise toutes les ressources, c'est ce qui limite grandement ces réseaux.

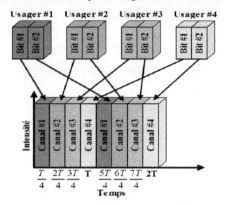

Figure I.4 : Canaux de communication TDMA

Une période de temps est divisée en N intervalles qui sont attribués à N usagers. Chaque usager transmet sa trame de bits dépendamment du temps alloué par l'intervalle.

Par exemple, si quatre émetteurs différents transmettent chacun à un débit de 10 Gbps, on peut les multiplexer optiquement (à l'aide de lignes à délais) pour avoir un seul signal qui fait 40 Gbps. Chaque émetteur a sa fenêtre temporelle pour transmettre, elle est fixe ou attribuée dynamiquement.

Dans la figure I.4, il y a quatre fenêtres temporelles. L'usager #3 possède toujours la troisième fenêtre et l'usager #4 s'insère dans la quatrième [7].

b. Accès multiple à répartition en fréquence

Le FDMA (Frequency Division Multiple Access) est un mode de multiplexage destiné à la téléphonie mobile. Il s'agit d'un découpage en bandes de fréquence de manière à attribuer une partie du spectre à chaque utilisateur.

FDMA divise la gamme de fréquence disponible en canaux d'une largeur de bande spécifique (bande de fréquence). Durant toute la durée d'une communication, un abonné unique dispose d'une de ces bandes de fréquence sans restriction. De cette façon les bruits indésirables peuvent être évités (ou réduits le plus possible ou selon les exigences).

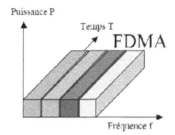

Figure I.5 : FDMA multiplexage en fréquence

❖ **Orthogonal Frequency Division Multiplexing (OFDM)**

Le principe de l'OFDM consiste à diviser le signal numérique que l'on veut transmettre sur un grand nombre de porteuses. Pour que les fréquences des porteuses soient les plus proches possibles et ainsi transmettre le maximum d'informations sur une portion de fréquences, l'OFDM utilise des porteuses orthogonales entre elles.

Ainsi, dans un canal de transmission avec des chemins multiples où certaines fréquences seront détruites à cause de la combinaison destructive de chemins, le système sera tout de même capable de récupérer l'information perdue sur d'autres fréquences porteuses qui n'auront pas été détruites. L'OFDM est restée une technique prépondérante puisqu'elle est utilisée pour de nombreuses applications comme la télévision numérique DVB (Digital Vidéo Broadcasting) ou la norme ADSL (Assymetric Digital Suscriber Line) permettant des liaisons internet à haut débit. Par conséquent, l'OFDM s'adapte parfaitement aux communications mobiles et semble incontournable pour les futurs standards de troisième et quatrième générations. Le fait de transmettre sur N porteuses orthogonales augmente bien évidemment la résistance de l'OFDM aux parasites, brouilleurs et autres perturbations, c'est d'autant plus vrai que ce nombre N est en pratique assez élevé (la norme de télévision numérique DVB permet d'utiliser jusqu'à 8192 porteuses) [8].

❖ **Orthogonal Frequency Division Multiple Access (OFDMA)**

Dans la technique OFDMA, chaque sous porteuse est exclusivement assignée à un seul utilisateur, éliminant de ce fait les interférences. Cela permet un décodage facile de l'OFDMA par l'utilisateur. Une telle simplicité est particulièrement intéressante pour les opérations descendantes, lorsque la puissance de traitement est limitée par les terminaux utilisateurs par exemple. Pour les applications fixes et nomades où les canaux varient faiblement, l'avantage indéniable de l'OFDMA sur les autres méthodes à accès multiple est sa capacité d'exploiter la niche des terminaux utilisateurs embarqués.

La performance d'un canal secondaire alloué à un utilisateur est différente de celle d'un autre utilisateur, puisque les qualités du canal y sont différentes, en fonction des conditions de propagation individuelles. Ceci veut dire qu'un canal qui a de mauvaises performances avec un utilisateur peut se révéler favorable à un autre. La technique OFDMA exploite cette caractéristique, du fait qu'elle permet d'allouer des canaux secondaires différents selon les utilisateurs [9].

c. Accès multiple à répartition en code

Le CDMA (Code Division Multiple Access) est un système de codage de transmission, fondé sur la technique d'étalement du spectre. Il permet à plusieurs liaisons numériques d'utiliser simultanément la même fréquence porteuse. Il est appliqué dans les réseaux de téléphonie mobile dans le segment d'accès radio. Il est aussi utilisé dans les télécommunications spatiales, militaires, et dans les systèmes de navigation par satellites.

Contrairement à TDMA et FDMA, les abonnés différents peuvent employer la même bande de fréquence en même temps avec CDMA. Chaque abonné possède un code unique à cette fin. L'émetteur lie l'information originale avec le code. L'information codée est alors transmise au-travers de l'interface par radio. L'information originale est régénérée dans l'unité de récepteur en utilisant le même code de manière synchrone.

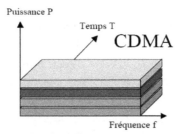

Figure I.6 : Multiplexage à répartition en code

Le CDMA, est le cas général dont le TDMA en est un cas particulier. Chaque communication effectuée possède son propre code. Effectivement, le CDMA permet l'accès multiple à un réseau de communication en attribuant à chaque paire d'usagers un canal spécifique qui est désigné par un code à utiliser. Chaque paire a un code différent construit de façon à minimiser l'interférence avec les autres canaux.

Chaque code est représenté par une séquence, soit dans le domaine du temps, soit dans le domaine des fréquences, soit un mélange de ces deux dimensions. Il existe même certains codes qui utilisent le positionnement spatial. La figure I.7 montre un aperçu des trois types de codages.

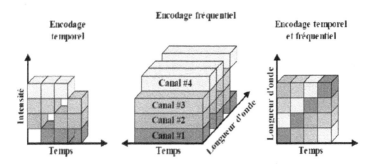

Figure I.7: Canaux de communication CDMA

On remarque aisément que l'encodage permet d'étaler ou d'étendre le spectre du signal. On peut faire de l'étalement temporel, fréquentiel ou même les deux. En radio fréquence, c'est ce qui permet au signal d'être robuste. En effet, en étalant l'information, les interférences qui peuvent survenir ne détruiront pas entièrement le signal et les communications pourront être récupérées. La figure I.8 montre l'effet d'une interférence (zone ombragée) survenue dans le canal de communication. Les codes sont régulièrement choisis pour résister à certains types de perturbations. Il y a même certains codes qui ont les mêmes propriétés que le bruit présent dans le canal. Ce qui permet de camoufler la communication dans le bruit et de la rendre imperceptible [7].

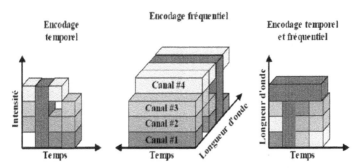

Figure I.8 : Canaux de communication CDMA avec interférence

I.5   Conclusion

Dans ce chapitre, nous avons donné une vue générale sur les ondes radio, les différents types de modulation et de multiplexage. Les ondes électromagnétiques utilisent un large éventail de fréquences (et de longueurs d'ondes). On nomme cette gamme de fréquences et de longueurs d'ondes, le spectre électromagnétique.

On utilise des ondes électromagnétiques, de fréquence élevée, qui transportent le signal grâce à la modulation de l'une de leurs caractéristiques (amplitude, fréquence ou phase). Chaque radio utilise une porteuse de fréquence très différente, donc un canal différent, pour qu'elles ne superposent pas leur signal.

Pour envoyer des signaux sur de longues distances, les réseaux sans fil sont basés sur une liaison utilisant des ondes radioélectriques au lieu des câbles habituels. Il existe plusieurs technologies se distinguant par la fréquence d'émission utilisée, ainsi que le débit et la portée de transmission.

CHAPITRE II
Synthèse sur les réseaux
sans fil et mobiles

II.1 Introduction

Dans ce chapitre nous nous intéressons aux réseaux sans fil et mobiles en présentant les aspects: architecture, fonctionnement, catégories, types et évolution. Nous présentons aussi la norme IEEE 802.22 qui est une norme de radio cognitive.

Les termes *sans fil* et *mobile* sont souvent utilisés pour décrire les systèmes existants, tels que le GSM (Global System for Mobile communication), IEEE 802.11, Bluetooth, etc. Il est cependant important de distinguer les deux catégories de réseaux que recoupent les concepts de sans fil et de mobile de façon à éviter toute confusion.

Les réseaux sans fil et mobiles ont connu un essor sans précédent ces dernières années. Il s'est agit d'une part, des réseaux locaux sans fil qui sont rentrés dans la vie quotidienne au travers de standards phares tels que WiFi, Bluetooth, etc. D'autre part, du déploiement de plusieurs générations successives de réseaux de télécommunication essentiellement dédiés à la téléphonie puis plus orientés vers le multimédia.

Aujourd'hui, la majorité des ordinateurs et la quasi-totalité des appareils mobiles disposent de moyens de connexion à un ou plusieurs types de réseaux sans fil. Ainsi, il est très facile de créer en quelques minutes un réseau sans fil permettant à tous ces appareils de communiquer entre eux, mais, il est important de tenir compte de la mise en œuvre de la zone de réception, la puissance de l'émetteur, la détection du récepteur et la sécurité des données transmises.

L'avantage essentiel que représentent les systèmes de communication est la mobilité. Cet aspect a séduit une grande quantité de personnes. Le service de mobilité permet aux usagers de communiquer sur une zone étendue et de pouvoir poursuivre une communication tout en se déplaçant. Le système permettant d'offrir ce service au sens le plus large est le système cellulaire, en particulier le GSM, dont la couverture peut s'étendre sur des pays voire des continents.

Les évolutions se poursuivent de toute part, tant dans le monde des réseaux spécialisés que des réseaux télécoms. Ceux-ci voient désormais des solutions concurrentes apparaître provenant de divers horizons: monde télécoms classiques, monde des réseaux sans fil voire le monde de la diffusion de télévision terrestre et satellite.

Des réseaux d'une plus grande étendue sont en cours de développement sous la norme IEEE 802.22 ou WRAN (Wireless Regional Access Networks). Elle concerne la définition d'une interface d'accès point à multipoint fonctionnant dans la bande de diffusion VHF/UHF-TV. Cette norme permet l'utilisation de ces bandes sans interférer avec les canaux de télévision en activité. Cette solution offre la couverture au monde rural avec des accès à large bande.

II.2 Réseaux sans fil

II.2.1 Définition

Un réseau sans fil (Wireless network) est, comme son nom l'indique, un réseau dans lequel au moins deux terminaux peuvent communiquer sans liaison filaire.

Un réseau local sans fil véhicule les informations soit par infrarouge, soit par onde radio. La transmission par onde radio est la méthode la plus répandue en raison de sa plus large couverture géographique et de son débit plus grand.

Les réseaux sans fil permettent de relier très facilement des équipements distants d'une dizaine de mètres à quelques kilomètres. De plus, l'installation de tels réseaux ne demande pas de lourds aménagements des infrastructures comme c'est le cas avec les réseaux filaires, ce qui a valu un développement rapide de ce type de technologies.

Les transmissions radioélectriques servent pour un grand nombre d'applications, mais sont sensibles aux interférences, c'est la raison pour laquelle une réglementation est nécessaire dans chaque pays afin de définir les plages de fréquence et les puissances auxquelles il est possible d'émettre pour chaque catégorie d'utilisation [1] [3].

Il y a quelques règles simples qui peuvent être utiles pour concevoir un réseau sans fil:

- Plus la longueur d'onde est grande, plus loin celle-ci ira.
- Plus la longueur d'onde est grande, mieux celle-ci voyagera à travers et autour des choses.
- À plus courte longueur d'onde, plus de données pourront être transportées [4].

II.2.2 Fonctionnement d'un réseau sans fil

Le téléphone sans fil communique avec un correspondant par l'intermédiaire du socle qui fait office de point d'accès vers le réseau téléphonique.

De même, chaque ordinateur du réseau sans fil muni d'une carte réseau adéquate peut émettre (et recevoir) des données vers (et depuis) un point d'accès réseau. Ce dernier peut être physiquement connecté au réseau câblé et fait alors office de point d'accès vers le réseau câblé [10].

Bien entendu, plus on s'éloigne du point d'accès, plus le débit diminue: pour un débit de 1 Mbps, la portée est de 460 m dans un environnement sans obstacle et de 90 m dans un environnement de bureau classique.

Le réseau sans fil offre deux modes de fonctionnement différents: le mode avec infrastructure et le mode sans infrastructure.

a. Réseau avec infrastructure

En mode avec infrastructure, également appelé le mode BSS (Basic Service Set) certains sites fixes, appelés station de base sont munis d'une interface sans fil pour la communication directe avec des sites mobiles ou unités mobiles, localisés dans une zone géographique limitée, appelée cellule.

A chaque station de base correspond une cellule à partir de laquelle des unités mobiles peuvent émettre et recevoir des messages. Alors que les sites fixes sont interconnectés entre eux à travers un réseau de communication filaire, généralement fiable et d'un débit élevé. Les liaisons sans fil ont une bande passante limitée qui réduit sévèrement le volume des informations échangées. Dans ce modèle, une unité mobile doit être, à un instant donné, directement connectée à une seule station de base [11].

b. Réseau sans infrastructure
Le réseau sans infrastructure également appelé réseau Ad hoc ou IBSS (Independent Basic Service Set) ne comporte pas l'entité site fixe, tous les sites du réseau sont mobiles et communiquent d'une manière directe en utilisant leurs interfaces de communication sans fil. L'absence de l'infrastructure ou du réseau filaire composé de stations de base, oblige les unités mobiles à se comporter comme des routeurs qui participent à la découverte et à la maintenance des chemins pour les autres hôtes du réseau.

La différence entre le mode Ad hoc et le mode avec infrastructure est que dans le premier mode, la communication entre deux machines se fait directement si elles se trouvent à la portée l'une de l'autre, alors que dans le second mode, toutes les communications passent par le point d'accès [11].

II.2.3 Catégories de réseaux sans fil
On distingue habituellement plusieurs catégories de réseaux sans fil, selon le périmètre géographique offrant une connectivité (appelé zone de couverture) [3]:

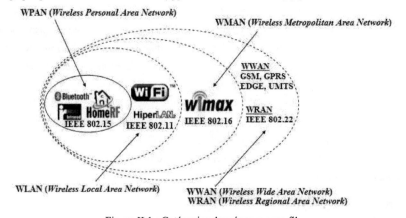

Figure II.1 : Catégories des réseaux sans fil

a. WPAN (Wireless Personal Area Network)
Le réseau personnel sans fil est constitué de connexions entre des appareils distants de seulement quelques mètres comme dans un bureau ou une maison.

- Bluetooth
- Home RF

b. WLAN (Wireless Local Area Network)
Le réseau local sans fil correspond au périmètre d'un réseau local installé dans une entreprise, dans un foyer ou encore dans un espace public. Tous les terminaux situés dans la zone de couverture du WLAN peuvent s'y connecter. Plusieurs WLAN peuvent être synchronisés et configurés de telle manière que le fait de traverser plusieurs zones de couverture est pratiquement indécelable pour un utilisateur.

- IEEE 802.11
- HiperLan

c. WMAN (Wireless Metropololitan Area Network)
Le réseau sans fil WMAN utilise le Standard IEEE 802.16, autrement dit Wimax (World wide Interoperability for Microwave Access), il fournit un accès réseau sans fil à des immeubles connectés par radio à travers une antenne extérieure à des stations centrales reliées au réseau filaire.

d. WWAN (Wireless Wide Area Network)
Le réseau sans fil WWAN englobe les réseaux cellulaires tels que le GSM, GPRS, UMTS et les réseaux satellitaires. La distance entre les périphériques peut aller jusqu'à 3 km, le coût de la mise en place d'un tel réseau est plus élevé que celui des réseaux cités au paravent.

e. WRAN (Wireless Regional Area Network)
IEEE 802.22 est une norme pour les réseaux régionaux sans fil qui fonctionneront dans des canaux de télévision inutilisés, et fourniront un accès aux services sans fil. La norme finale va supporter des canaux de 6,7 et 8 MHz pour une opération mondiale. Le WRAN est basé sur l'OFDMA. Cette norme est en cours de développement et est actuellement sous forme d'ébauche.

II.2.4 Différents types de réseaux sans fil
Il existe principalement deux types de réseaux sans fil:

- Les réseaux utilisant les ondes infrarouges.
- Les réseaux utilisant les ondes radio.

II.2.4.1 Réseaux utilisant les ondes infrarouges

Les ondes infrarouges sont utilisées dans la vie courante (télécommandes de télévisions). Grâce à elles, on peut créer des petits réseaux, notamment entre des téléphones portables et des ordinateurs.

Le principal inconvénient des réseaux créés avec les ondes infrarouges est qu'ils nécessitent que les appareils soient en face l'un de l'autre, séparés au maximum de quelques dizaines de mètres et qu'aucun obstacle ne sépare l'émetteur du récepteur puisque la liaison entre les appareils est directionnelle. Bien entendu, les seuls réseaux utilisables par cette technologie sont les WPAN.

II.2.4.2 Réseaux utilisant les ondes radio

a) Bluetooth

C'est une spécification industrielle pour les zones de réseaux PAN. Il a été lancé par Ericsson en 1994. Ce type de liaison sans fil permet de relier deux appareils via une liaison hertzienne [12].

Il offre des débits moyens (1 Mbps en théorie) sur un rayon limité (10 à 30 m en pratique). La norme officielle définissant le Bluetooth est l'IEEE 802.15.

Au sein d'un réseau Bluetooth, la bande passante est partagée entre un appareil servant de maître et jusqu'à 7 périphériques esclaves. Il est possible en théorie de faire communiquer jusqu'à 10 groupes d'appareils, soit 80 appareils [13].

b) HomeRF (Home Radio Frequency)

HomeRF a été conçu avant tout pour un usage domestique. Il utilise les mêmes fréquences que Bluetooth [12].

Un réseau HomeRF permet de relier des ordinateurs portables ou fixes et d'adresser 127 nœuds sur un réseau, et 6 liaisons voix simultanées.

c) HiperLan (High Performance Lan)

Elaborée sous la tutelle de l'institut européen des normes de télécommunications, HiperLan est une norme exclusivement européenne. Son but est de créer des environnements flexibles sans fil à haut débit, permettant un fonctionnement Ad hoc. Il dispose d'un code correcteur d'erreurs pour obtenir une qualité de transport comparable à celle obtenue dans un réseau local [12].

d) Norme IEEE 802.11

L'IEEE a investi dans l'amélioration de la norme 802.11, avec la même architecture et la même technologie, mais avec un débit de données important entre 5 et 11 Mbps,   au lieu de pousser la technologie et stimuler les communautés scientifiques et industrielles afin de standardiser, de concevoir et de fabriquer des produits pour ces réseaux. Il existe plusieurs versions de l'IEEE 802.11. En règle générale, plus une version est récente, plus les débits proposés sont élevés [14]. Les principales extensions sont les suivantes:

❖ **Norme 802.11a**

Cette norme a été développée en 1999 (parfois appelée WiFi5), elle opère dans la bande de fréquence 5 GHz, incompatible avec la fréquence 2,4 GHz.

Elle utilise OFDM. Ceci limite les interférences et rend possible des vitesses de transmission de données allant jusqu'à 54 Mbps [13].

❖ **Norme 802.11b, WiFi**

Le terme WiFi (Wireless Fidelity), fait référence à cette norme qui fût la première norme des WLAN utilisée par un grand nombre d'utilisateurs, elle a été approuvée en 1999 par l'IEEE. La norme WiFi permet l'interopérabilité entres les différents matériels existants, elle offre des débits de 11 Mbps, avec une portée de 300 m dans un environnement dégagé. Elle fonctionne dans la bande de fréquence 2,4 GHz, séparée en plusieurs canaux.

❖ **Norme 802.11g**

Cette norme a été développée en 2003. Elle étend la norme 802.11b, en augmentant le débit jusqu'à 54 Mbps théorique (30 Mbps réels). Elle fonctionne aussi à 2,4 GHz, cette utilisation de la même zone de fréquence devrait permettre de mélanger des points d'accès 802.11b. Le point central adapte sa vitesse en fonction du périphérique connecté, permettant à des clients 802.11b de se connecter.

Grâce à cela, les équipements 802.11b sont utilisables avec les points d'accès 802.11g et vice versa. Cette norme utilise l'authentification WEP statique, elle accepte aussi d'autres types d'authentification WPA (Wireless Protected Access) avec cryptage dynamique (méthode de chiffrement TKIP et AES).

❖ **Norme 802.11i**

Ratifié en juin 2004, cette norme décrit des mécanismes de sécurité de transmission. Elle propose un chiffrement des communications pour les transmissions utilisant les technologies 802.11a, 802.11b et 802.11g. La 802.11i agit en interaction avec les normes 802.11b et 802.11g. Le débit théorique est donc inchangé, à savoir 11 Mbps pour la 802.11b et 54 Mbps pour la 802.11g.

❖ **Norme 802.11e**

Disponible depuis 2005. Elle vise à donner des possibilités en matière de qualité de service au niveau de la couche liaison de données, des fonctionnalités de sécurité et d'authentification. Ainsi, cette norme a pour but de définir les besoins des différents paquets en termes de bande passante et de délai de transmission de telle manière à permettre notamment une meilleure transmission de la voix et de la vidéo.

❖ **Norme 802.11n**

Cette norme est normalisée depuis 2009, elle utilise en même temps les bandes de fréquences 2,4 GHz et 5 GHz. La vitesse maximum théorique est de 150 à 300 Mbps. Cette vitesse est celle de transport et ne tient pas compte des codes de contrôles, cryptage inclus dans le message. En pratique, le débit effectif est compris entre 100 et 200 Mbps.

Le 802.11n utilise le MIMO (Multiple Input Multiple Output) qui permet d'envoyer et de recevoir les données en utilisant plusieurs antennes simultanément. En modifiant le positionnement des antennes du point d'accès comme de la carte réseau, on augmente la distance maximale (mais toujours sous les 100 m). Cette solution ne permet pas non plus de passer les murs mais permet dans certains cas de les contourner.

e) **Wimax**

Le Wimax (World wide Interoperability for Microwave Access) est une connexion sans fil à haut débit et de longue distance. Elle autorise un débit de 70 Mbps en théorie sur maximum 50 km, mais en pratique elle offre 10 Mbps sur 2 km.

Basé sur la norme IEEE 802.16, le réseau Wimax désigne dans le langage courant un ensemble de standards et techniques du monde des réseaux WMAN.

Il est principalement fondé sur une topologie en étoile bien que la topologie maillée soit possible [15] [1] [16].

Il existe différentes versions de Wimax:

- La version **802.16a** permet une distance de 20 km maximum avec un débit de 12 Mbps. La bande de fréquence utilisée se situe entre 2 et 11 GHz. Elle est obsolète.

- La norme **802.16d** ou le Wimax fixe atteint les distances de 50 km. C'est cette norme qui est actuellement commercialisée pour les connexions internet.

- La version **802.16e** transpose le Wimax pour la téléphonie mobile avec un taux de transfert de 30 Mbps pour une distance de 3 km maximum. La plage de fréquence se situe entre 2 et 6 GHz.

Le Wimax est une technologie qui se distingue par deux aspects: le caractère à la fois ouvert, très complet et extrêmement rapide de son processus de normalisation ; et le fait d'avoir été le premier à avoir adopté le bon choix en terme de technologie, notamment en matière de modulation, de sécurité et surtout de QoS. Le Wimax utilise le multiplexage OFDM.

La figure II.2 montre le Wimax avec ses proches concurrents en termes de couverture géographique et débits offerts.

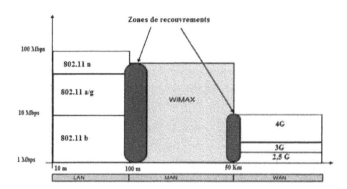

Figure II.2 : Le Wimax et ses concurrents

II.2.5 Norme IEEE 802.22

IEEE 802.22 est un nouveau groupe de travail du comité de normalisation d'IEEE 802 LAN/MAN qui vise à construire l'utilisation sans fil du réseau WRAN des espaces blancs (canaux qui ne sont pas déjà utilisés) dans le spectre assigné de fréquence de TV.

La norme IEEE 802.22 est une norme de radio cognitive visant à doter les régions rurales moins peuplées d'un accès à large bande en utilisant des canaux de télévision vacants. De part, le fait que les niveaux du bruit industriel et des réflexions ionosphériques demeurent relativement bas, que les antennes présentent des dimensions raisonnables et que les caractéristiques de propagation sans visibilité directe sont très bonnes, les bandes de radiodiffusion télévisuelle dans la gamme des VHF et des UHF se révèlent idéales pour la couverture de vastes régions rurales à faible densité de population.

Le large recours aux technologies de radio cognitive, comme la détection RF, la géolocalisation, la sélection dynamique de fréquence, vise à assurer la coexistence avec les titulaires de station de radiodiffusion sur une base de non-brouillage, ainsi que la coexistence interne avec d'autres systèmes WRAN conformes à la norme 802.22 pour maximiser l'utilisation du spectre [17].

II.3 Réseaux mobiles

II.3.1 Sans fil et mobilité

Dans les réseaux sans fil, le support de communication utilise l'interface radio: sans cordon, GSM, GPRS, UMTS, etc.

Un utilisateur mobile est défini théoriquement comme un utilisateur capable de communiquer à l'extérieur de son réseau d'abonnement tout en conservant une même adresse.

- Le système sans cordon est un système sans fil mais il n'est pas mobile.

- Certains systèmes tels que le GSM offrent la mobilité et le sans fil simultanément [18].

II.3.2 Mobilité

La mobilité dans les réseaux de communication est définie comme la capacité d'accéder, à partir de n'importe où, à l'ensemble des services disponibles dans un environnement fixe et câblé. Tandis que, l'informatique mobile est définie comme la possibilité pour des usagers munis de périphériques portables d'accéder à des services et à des applications évoluées, à travers une infrastructure partagée de réseau, indépendamment de la localisation physique ou du mouvement de ces usagers.

II.3.3 Architecture cellulaire

Dans un réseau cellulaire, le territoire couvert ou la zone de couverture desservie est généralement découpée en petites surfaces géographiquement limitées appelées cellules.

- Picocellule: désigne un espace de desserte de quelques mètres de diamètre.
- Microcellule: réfère à une surface géographique de quelques dizaines de mètres de diamètre.
- Cellule: correspond à une superficie dont le diamètre varie de quelques centaines de mètres à quelques kilomètres.
- Macrocellule: correspond à une étendue géographique de l'ordre de quelques dizaines de kilomètres de diamètre.
- Cellule parapluie: définit une région de quelques centaines de kilomètres de diamètre [19].

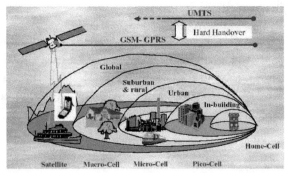

Figure II.3 : Architecture cellulaire

II.3.4 Téléphonie

La téléphonie est un système de télécommunication qui a pour but la transmission du son et en particulier la transmission de la parole. La téléphonie permet des services plus avancés tels que la messagerie vocale, la conférence téléphonique ou les services vocaux.

Un réseau téléphonique est constitué de trois types d'équipements principaux:
- Les terminaux (téléphone, répondeur, modem, fax, serveurs).
- Les systèmes centraux (central téléphonique ou commutateur téléphonique).
- Les liaisons entre différents équipements, tels que les câbles de téléphone (cuivre ou fibre optique) ou les antennes de téléphones mobiles.

II.3.5 Évolution des systèmes cellulaires

a. Première génération (1G)

La première génération de téléphonie mobile possède un fonctionnement analogique et est constituée d'appareils relativement volumineux. Sa capacité est limitée car le système est basé sur FDMA et il n'y a pas de mécanismes de sécurité.

b. Deuxième génération (2G)

❖ GSM (Global System for Mobile Communication)

Ce standard utilise les bandes de fréquences de 900 MHz, 1800 MHz et 1900 MHz. Ainsi, on appelle tri-bande, les téléphones portables pouvant fonctionner dans toutes ces fréquences. Il permet de transmettre la voix ainsi que des données numériques de faible volume, par exemple des SMS (Short Message Service) ou des MMS (Multimedia Message Service). L'opérateur doit installer des antennes fixes, toutes les antennes définissent une zone de couverture propre à l'opérateur.

Le réseau GSM a pour premier rôle de permettre des communications entre abonnés mobiles et abonnés du réseau téléphonique commuté (RTC réseau fixe). Le réseau GSM s'interface avec le réseau RTC et comprend des commutateurs. La mise en place d'un réseau GSM va permettre à un opérateur de proposer des services de type voix à ses clients en donnant l'accès à la mobilité tout en conservant un interfaçage avec le réseau fixe RTC existant [3].

❖ GPRS (2.5G)

Le GPRS (General Packet Radio Service) peut être considéré comme une évolution des réseaux GSM avant leur passage aux systèmes de troisième génération.

Toutefois, la transition du GSM au GPRS demande plus qu'une simple adaptation logicielle. Le GPRS s'inspire des usages devenus courants d'internet: lors de la consultation de pages Web, une session peut durer plusieurs dizaines de minutes alors que les données ne sont transmises que pendant quelques secondes, lors du téléchargement des pages.

A ce moment, la voix continue de transiter sur le réseau GSM, tandis que les données circulent via le GPRS. Il permet un débit cinq fois plus élevé que celui du GSM et il intègre la QoS.

❖ **EDGE (2.75G)**

EDGE (Enhanced Data rates for GSM Evolution) est un réseau de transition entre GPRS et UMTS, il permet un débit encore plus élevé.

EDGE est issu de la constatation que, dans un système cellulaire, tous les mobiles ne disposent pas de la même qualité de transmission. Le contrôle de puissance tente de pallier ces inégalités en imposant aux mobiles favorisés une transmission moins puissante. Cela permet plutôt d'économiser les batteries des terminaux que d'augmenter les capacités de transmission. EDGE permet aux utilisateurs favorisés de bénéficier de transmissions plus efficaces, augmentant par conséquent le trafic moyen offert dans la cellule.

C'est associé au GPRS qu'EDGE revêt tout son intérêt, notamment grâce au principe d'adaptation de lien. Cette dernière consiste à sélectionner le schéma de modulation et de codage le mieux adapté aux conditions radio rencontrées par le mobile.

c. Troisième génération (3G)

Les réseaux 3G ont une grande flexibilité pour introduire de nouveaux services. Les débits sont plus élevés et ils peuvent atteindre les 2 Mbps.

❖ **UMTS (Universal Mobile Telecommunication System)**

Il offre des services de communication sans fil, offre le multimédia en plus de la voix et des données (possibilité de faire une visioconférence, de regarder la télévision), son coût est très élevé.

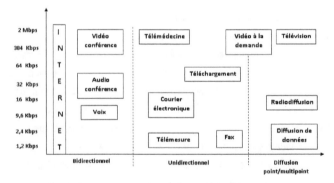

Figure II.4 : Services offerts par le système 3G

d. Quatrième génération (4G)

L'augmentation du nombre d'utilisateurs mobiles due au développement de l'internet et de ses applications, ainsi que l'apparition rapide des réseaux sans fil ont encouragé la mobilité des utilisateurs. Les utilisateurs mobiles ont de plus en plus besoins d'avoir accès à un ensemble riche des services multimédia avancés en utilisant n'importe quel terminal disponible, avec une qualité de service acceptable à travers n'importe quel réseau d'accès disponible. Des débits de données de plus en plus élevés sont utilisés.

II.4 Wimax mobile et 4G

L'utilisateur de la 4G de mobiles a plusieurs technologies d'accès sans fil à sa disposition. Cet utilisateur veut pouvoir être connecté au mieux, n'importe où, n'importe quand et avec n'importe quel réseau d'accès. Pour cela, les différentes technologies sans fil doivent coexister de manière à ce que la meilleure technologie puisse être retenue en fonction du profil de l'utilisateur, de chaque type d'application et de service qu'il demande. Dans ce contexte, le terminal mobile devra rechercher en permanence le meilleur réseau d'accès en fonction des besoins de l'utilisateur.

C'est grâce à l'utilisation d'OFDMA avec la technologie MIMO que le Wimax mobile prétend satisfaire les besoins des utilisateurs mobiles. Le Wimax mobile peut prétendre concurrencer l'UMTS et constituer la technologie du futur pour une 4G qui n'est pas encore complètement défini. Les réseaux Wimax mobiles devraient représenter en 2012 un quart des équipements de communication mobile au niveau terrestre [16].

II.5 Conclusion

Dans ce chapitre, nous avons présenté le principe des réseaux sans fil et mobiles et leur évolution à travers les générations. Le support de la mobilité des réseaux permet de développer l'idée d'un internet omniprésent, à tout instant, à tout endroit et avec n'importe qui. Les applications multimédia seront les premières à bénéficier de ce type d'environnement.

Les réseaux sans fil sont des technologies intéressantes et très utilisées dans divers domaines. Cette diversification d'utilisation revient aux différents avantages qu'apportent ces technologies, comme la mobilité, la simplicité d'installation et la disponibilité. Mais la sécurité dans ce domaine reste un sujet très délicat, car depuis l'utilisation de ce type de réseaux, plusieurs failles ont été détectées.

Les réseaux sans fil ont connu des développements très significatifs qui ont donné aux utilisateurs l'illusion que leurs qualités pouvaient être presque équivalentes à celles des réseaux filaires.

CHAPITRE III
Radio cognitive

III.1 Introduction

Nous allons présenter dans ce chapitre la radio cognitive dans ses différents aspects: principes, architecture, fonctions et les différents domaines d'application.

Il est aujourd'hui largement reconnu que les systèmes sans fil de communications numériques n'exploitent pas l'intégralité de la bande de fréquence disponible. Les systèmes sans fil de futures générations seront donc amenés à tirer parti de l'existence des bandes de fréquence inoccupées, grâce à leur faculté d'écouter et de s'adapter à leur environnement.

En effet, le développement de nouvelles technologies a toujours été dicté par les besoins du moment et la disponibilité de la technique. On est ainsi passés de la radio analogique à la radio numérique avec tous les progrès qui s'en sont suivis notamment au niveau de la qualité, la rapidité et la fiabilité du transport de l'information mais aussi au niveau de la capacité du réseau.

Au fil des années, les besoins se sont multipliés et de nouvelles solutions techniques sont apparues. Cela a conduit à l'idée de la radio logicielle qui au début était prévue pour des applications militaires, mais qui s'est progressivement transférée vers le domaine civil. La radio cognitive correspond à l'étape suivante et l'émergence de ce concept est à relier directement au besoin de gérer toute cette nouvelle complexité relative à l'environnement du terminal radio.

Certaines bandes de fréquence et réseaux (GSM, WiFi) sont d'ores et déjà surchargés aux heures de pointe. Cependant, l'utilisation du spectre de fréquence n'est pas uniforme: selon les heures de la journée, selon la position géographique, une bande fréquentielle peut être surchargée pendant qu'une autre reste inutilisée. L'idée a donc naturellement émergé de développer des outils permettant de mieux utiliser le spectre.

La radio cognitive est le concept qui permet de répondre à ce défi ; mieux utiliser le spectre, c'est aussi augmenter les débits et rendre plus fiable la couche physique.

III.2 Radio logicielle (software radio)

C'est grâce aux travaux de Joseph Mitola que le terme radio logicielle est apparu en 1991 pour définir une classe de radio reprogrammable et reconfigurable.

La radio logicielle est une radio dans laquelle les fonctions typiques de l'interface radio généralement réalisées en matériel, telles que la fréquence porteuse, la largeur de bande du signal, la modulation et l'accès au réseau sont réalisés sous forme logicielle. La radio logicielle intègre également l'implantation logicielle des procédés de cryptographie, codage correcteur d'erreurs, codage source de la voix, de la vidéo ou des données.

Le concept de radio logicielle doit également être considéré comme une manière de rendre les usagers, les fournisseurs de services et les fabricants plus indépendants des normes. Ainsi, avec cette solution, les interfaces radio peuvent, en principe, être adaptées aux besoins d'un service particulier pour un usager particulier dans un environnement donné à un instant donné.

On distingue plusieurs niveaux d'avancement dans le domaine: la radio logicielle est le but ultime intégrant toutes les fonctionnalités en logiciel, mais elle impose des phases intermédiaires combinant anciennes et nouvelles techniques, on parle alors de radio logicielle restreinte. Les contraintes de puissance de calcul, de consommation électrique et de coûts imposent actuellement de passer par cette phase intermédiaire [20].

❖ **Radio logicielle restreinte (SDR)**

La SDR (Software Defined Radio) est un système de communication radio qui peut s'adapter à n'importe quelle bande de fréquence et recevoir n'importe quelle modulation en utilisant le même matériel.

Les opportunités qu'offre la SDR lui permettent de résoudre des problèmes de la gestion dynamique du spectre. Les équipements SDR peuvent fonctionner dans des réseaux sans fil hétérogènes, c'est-à-dire qu'une SDR idéale peut s'adapter automatiquement aux nouvelles fréquences et aux nouvelles modulations.

III.3 Radio cognitive

III.3.1 Historique

L'idée de la radio cognitive a été présentée officiellement par Joseph Mitola à un séminaire à KTH, l'institut royal de technologie, en 1998, publié plus tard dans un article de Mitola et Gerald Q. Maguire en 1999 [21].

Connu comme le ''Père de la radio logicielle'', Mitola est l'un des auteurs les plus cités dans le domaine. Il combine son expérience de la radio logicielle ainsi que sa passion pour l'apprentissage automatique et l'intelligence artificielle pour mettre en place la technologie de la radio cognitive.

III.3.2 Définitions

La ''cognition'' est un processus par lequel on acquiert des connaissances, elle regroupe les divers processus mentaux allant de l'analyse perceptive de l'environnement à la commande motrice en passant par la mémorisation, le raisonnement, les émotions et le langage.

Le terme radio cognitive (RC) est utilisé pour décrire un système ayant la capacité de détecter et de reconnaître son cadre d'utilisation, ceci afin de lui permettre d'ajuster ses paramètres de fonctionnement radio de façon dynamique et autonome et d'apprendre des résultats de ses actions et de son cadre environnemental d'exploitation, comme le souligne Mitola.

Cette capacité permet d'adapter chaque appareil aux conditions spectrales du moment et offre donc aux utilisateurs un accès plus souple, efficace et complet à cette ressource. Cette approche peut améliorer considérablement le débit des données et la portée des liaisons sans augmenter la bande passante ni la puissance de transmission. La RC offre également une solution équilibrée au problème de l'encombrement du spectre en accordant d'abord l'usage prioritaire au propriétaire du spectre, puis en permettant à d'autres de se servir des portions inutilisées du spectre [22].

Le SDR Forum[1] et le groupe de travail P1900 de l'IEEE ont approuvé en Novembre 2007 cette définition:

''Une radio intelligente est une radio dans laquelle les systèmes de communications sont conscients de leur environnement et état interne, et peuvent prendre des décisions quant à leur mode de fonctionnement radio en se basant sur ces informations et objectifs prédéfinis. Les informations issues de l'environnement peuvent comprendre ou pas des informations de localisation relatives aux systèmes de communication''.

Le principe de la RC, repris dans la norme IEEE 802.22, nécessite une gestion alternative du spectre qui est la suivante: un mobile dit secondaire pourra à tout moment accéder à des bandes de fréquence qu'il trouve libres, c'est-à-dire, non occupées par l'utilisateur dit primaire possédant une licence sur cette bande. L'utilisateur secondaire devra les céder une fois le service terminé ou une fois qu'un utilisateur primaire aura montré des velléités de connexion.

Un réseau radio cognitive coordonne les transmissions suivant différentes bandes de fréquences et différentes technologies en exploitant les bandes disponibles à un instant donné et à un endroit donné. Il a besoin d'une station de base capable de travailler sur une large gamme de fréquences afin de reconnaître différents signaux présents dans le réseau et se reconfigurer intelligemment.

III.3.3 Relation entre RC et SDR

L'une des principales caractéristiques de la RC est la capacité d'adaptation où les paramètres de la radio (fréquence porteuse, puissance, modulation, bande passante) peuvent être modifiés en fonction de: l'environnement radio, la situation, les besoins de l'utilisateur, l'état du réseau et la géolocalisation.

La SDR est capable d'offrir les fonctionnalités de flexibilité, de reconfigurabilité et de portabilité inhérentes à l'aspect d'adaptation de la RC. Par conséquent, cette dernière doit être mise en œuvre autour d'une SDR. En d'autres termes, la SDR est une ''technologie habilitante'' pour la radio cognitive [20].

Bien que de nombreux modèles différents soient possibles, l'un des plus simples qui décrit la relation entre la RC et la SDR est illustré dans la figure III.1.

---

[1] Elaboration des normes industrielles du matériel et du logiciel des technologies, en ce moment il mène des travaux de recherches sur la radio cognitive et l'efficacité du spectre.

Dans ce modèle simple, les éléments de la RC entourent le support SDR. Le moteur cognitif représente la partie chargée de l'optimisation ou du contrôle du module SDR en se basant sur quelques paramètres d'entrée tels que les informations issues de la perception sensorielle ou de l'apprentissage de l'environnement radio, du contexte utilisateur, et de l'état du réseau.

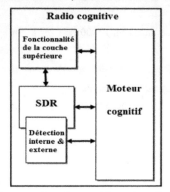

Figure III.1 : Relation entre la radio cognitive et la radio logicielle restreinte

III.3.4 Architecture de la radio cognitive

Mitola a défini l'architecture d'une radio cognitive par un ensemble cohérent de règles de conception par lequel un ensemble spécifique de composants réalise une série de fonctions de produits et de services.

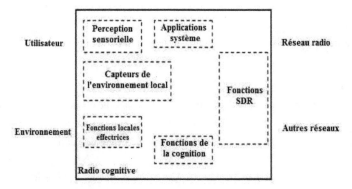

Figure III.2 : Architecture de la radio cognitive

Les six composantes fonctionnelles de l'architecture d'une RC sont:

1. La perception sensorielle de l'utilisateur qui inclut l'interface haptique (du toucher), acoustique, la vidéo et les fonctions de détection et de la perception.

2. Les capteurs de l'environnement local (emplacement, température, accéléromètre, etc.).

3. Les applications système (les services médias indépendants comme un jeu en réseau).

4. Les fonctions SDR (qui incluent la détection RF et les applications radio de la SDR).

5. Les fonctions de la cognition (pour les systèmes de contrôle, de planification et d'apprentissage).

6. Les fonctions locales effectrices (synthèse de la parole, du texte, des graphiques et des affiches multimédias) [20].

L'architecture du protocole de la RC est représentée dans la figure III.3. Dans la couche physique, la RF est mis en œuvre à base de radio définie par logiciel. Les protocoles d'adaptation de la couche MAC, réseau, transport et applications doivent être conscients des variations de l'environnement radio cognitive. En particulier, les protocoles d'adaptation devraient envisager l'activité du trafic des principaux utilisateurs, les exigences de transmission d'utilisateurs secondaires et les variations de qualité du canal.

Pour relier tous les modules, un contrôle RC est utilisé pour établir des interfaces entre l'émetteur/récepteur SDR et les applications et services sans fil. Ce module radio cognitive utilise des algorithmes intelligents pour traiter le signal mesuré à partir de la couche physique, et pour recevoir des informations sur les conditions de transmission à partir des applications pour contrôler les paramètres de protocole dans les différentes couches [23].

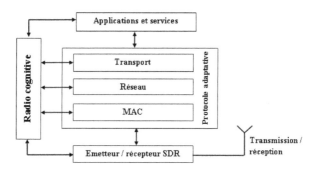

Figure III.3 : Protocoles utilisés par la radio cognitive

III.3.5 Cycle de cognition

La composante cognitive de l'architecture de la RC comprend une organisation temporelle, des flux d'inférences et des états de contrôle.

Ce cycle synthétise cette composante de manière évidente. Les stimuli entrent dans la RC comme des interruptions sensorielles envoyées sur le cycle de la cognition pour une réponse. Une telle radio cognitive observe l'environnement, s'oriente, crée des plans, décide, et puis agit [24].

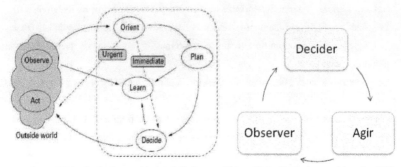

Figure III.4 : Cycle de cognition de Mitola   Figure III.5 : Cycle de cognition simplifié

Phase d'observation (détecter et percevoir)

La RC observe son environnement par l'analyse du flux de stimuli entrant. Dans la phase d'observation, la RC associe l'emplacement, la température, le niveau de lumière des capteurs et ainsi de suite pour en déduire le contexte de communication. Cette phase lie ces stimuli à des expériences antérieures pour discerner les modèles au fil du temps. La RC rassemble les expériences en se souvenant de tout.

Phase d'orientation

La phase d'orientation détermine l'importance d'une observation en liant à celle-ci une série connue de stimuli. Cette phase fonctionne à l'intérieur des structures de données qui sont analogues à la mémoire à court terme (STM), que les gens emploient pour s'engager dans un dialogue sans forcément se souvenir de tout à la même mesure que dans la mémoire à long terme (LTM). Le milieu naturel fournit la redondance nécessaire pour lancer le transfert de la STM à la LTM. La correspondance entre les stimuli courants et les expériences stockées se fait par reconnaissance des stimuli ou par reliure.

La reconnaissance des stimuli se produit quand il y a une correspondance exacte entre un stimulus courant et une expérience antérieure. La réaction peut être appropriée ou dans l'erreur.

Chaque stimulus est situé dans un contexte plus large, qui inclut d'autres stimuli et les états internes, y compris le temps. Parfois, la phase d'orientation provoque une action qui sera lancée immédiatement comme un comportement réactif ''stimulus-réponse''.

Une panne d'électricité, par exemple, peut directement invoquer un acte qui sauvegarde les données (le chemin ''immediate'' de la phase Action sur la figure). Une perte de signal sur un réseau peut invoquer une réaffectation de ressources. Cela peut être accompli via la voie marquée ''urgent'' dans la figure.

Phase de planification

Un message entrant du réseau serait normalement traité par la génération d'un plan (dans la phase de plan, la voie normale). Le plan devrait également inclure la phase de raisonnement dans le temps. Généralement, les réponses réactives sont préprogrammées ou apprises, tandis que d'autres réactions de délibération sont prévues.

Phase de décision

La phase de décision sélectionne un plan parmi les plans candidats. La radio peut alerter l'utilisateur d'un message entrant ou reporter l'interruption à plus tard en fonction des niveaux de QoI (Quality of Information) statués dans cette phase.

Phase d'action

Cette phase lance les processus sélectionnés qui utilisent les effecteurs sélectionnés qui accèdent au monde extérieur ou aux états internes de la RC.

L'accès au monde extérieur consiste principalement à composer des messages qui doivent être envoyés dans l'environnement en audio, ou exprimés dans différents langages appropriés.

Une action radio cognitive peut également actualiser les modèles internes, par exemple, l'ajout de nouveaux modèles aux modèles internes existants. L'acquisition de connaissances pourrait être achevée par une action qui crée les structures de données appropriées.

Phase d'apprentissage

L'apprentissage dépend de la perception, des observations, des décisions et des actions. L'apprentissage initial est réalisé à travers la phase d'observation dans laquelle toutes les perceptions sensorielles sont comparées à l'ensemble de l'expérience antérieure pour compter les évènements et se souvenir du temps écoulé depuis le dernier évènement.

L'apprentissage peut se produire quand un nouveau modèle est créé en réponse à une action [25]. Par exemple, les états internes antérieurs et courants peuvent être comparés avec les attentes pour en apprendre davantage sur l'efficacité d'un mode de communication.

III.3.6 Composantes de la radio cognitive

Les différentes composantes d'un émetteur/récepteur radio cognitive qui mettent en œuvre ces fonctionnalités sont présentées dans la figure III.6 [23].

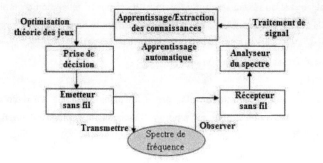

Figure III.6 : Composantes de la radio cognitive

▪ **Emetteur / Récepteur:** c'est le composant majeur avec les fonctions du signal de transmission de données et de réception. En outre, un récepteur sans fil est également utilisé pour observer l'activité sur le spectre de fréquence (détection du spectre). Les paramètres de l'émetteur/récepteur dans le nœud de la RC peuvent être modifiés dynamiquement comme dicté par les protocoles de couches supérieures.

▪ **Analyseur de spectre:** il utilise les signaux mesurés pour analyser l'utilisation du spectre (détecter la signature d'un signal provenant d'un utilisateur primaire et trouver les espaces blancs du spectre pour les utilisateurs secondaires). L'analyseur de spectre doit s'assurer que la transmission d'un utilisateur primaire n'est pas perturbée si un utilisateur secondaire décide d'accéder au spectre. Dans ce cas, diverses techniques de traitement du signal peuvent être utilisées pour obtenir des informations sur l'utilisation du spectre.

▪ **Apprentissage et extraction de connaissances:** une base de connaissances de l'environnement d'accès au spectre est construite et entretenue, qui est ensuite utilisée pour optimiser et adapter les paramètres de transmission pour atteindre l'objectif désiré sous diverses contraintes. Les algorithmes d'apprentissage peuvent être appliqués pour l'apprentissage et l'extraction de connaissances.

▪ **Prise de décision:** après que la connaissance de l'utilisation du spectre soit disponible, la décision sur l'accès au spectre doit être faite. La décision optimale dépend du milieu ambiant, elle dépend du comportement coopératif ou compétitif des utilisateurs secondaires. Différentes techniques peuvent être utilisées pour obtenir une solution optimale.

Par exemple, la théorie d'optimisation peut être appliquée lorsque le système est modélisé comme une seule entité avec un seul objectif. En revanche, les modèles de la théorie des jeux peuvent être utilisés lorsque le système est composé d'entités multiples, chacun avec son propre objectif. L'optimisation stochastique peut être appliquée lorsque les états du système sont aléatoires.

III.3.7 Fonctions de la radio cognitive

a. Détection du spectre (Spectrum sensing)

Détecter le spectre non utilisé et le partager sans interférence avec d'autres utilisateurs. La détection des utilisateurs primaires est la façon la plus efficace pour détecter les espaces blancs du spectre.

L'un des objectifs de la détection du spectre, en particulier pour la détection des interférences, est d'obtenir le statut du spectre (libre /occupé), de sorte que le spectre peut être consulté par un utilisateur secondaire en vertu de la contrainte d'interférence. Le défi réside dans le fait de mesurer l'interférence au niveau du récepteur primaire causée par les transmissions des utilisateurs secondaires.

b. Gestion du spectre (Spectrum management)

Détecter les meilleures fréquences disponibles pour répondre aux besoins de communication des utilisateurs.

La RC devrait décider de la meilleure bande de spectre pour répondre aux exigences de QoS sur toutes les bandes de fréquences disponibles, donc les fonctions de gestion du spectre sont nécessaires pour la RC. Ces fonctions de gestion sont classées comme suit:

❖ **Analyse du spectre**

Les résultats obtenus de la détection du spectre sont analysés pour estimer la qualité du spectre. Une des questions ici est de savoir comment mesurer la qualité du spectre qui peut être accédée par un utilisateur secondaire. Cette qualité est caractérisée par le rapport signal/bruit, la durée moyenne et la corrélation de la disponibilité des espaces blancs. Des algorithmes d'apprentissage de l'intelligence artificielle sont des techniques qui peuvent être employées par les utilisateurs de la RC pour l'analyse du spectre.

❖ **Décision sur le spectre**

▪ **Modèle de décision:** un modèle de décision est nécessaire pour l'accès au spectre. La complexité de ce modèle dépend des paramètres considérés lors de l'analyse du spectre.

Le modèle de décision devient plus complexe quand un utilisateur secondaire a des objectifs multiples. Par exemple, un utilisateur secondaire peut avoir l'intention de maximiser son rendement tout en minimisant les perturbations causées à l'usager primaire. Les méthodes d'optimisation stochastique (le processus de décision de Markov) sont un outil intéressant pour modéliser et résoudre le problème d'accès au spectre dans un environnement radio cognitive.

▪ **Compétition / Coopération dans un environnement multi-utilisateur:** lorsque plusieurs utilisateurs (à la fois primaires et secondaires) sont dans le système, leur préférence va influer sur l'accès au spectre. Ces utilisateurs peuvent être coopératifs ou non coopératifs dans l'accès au spectre.

Dans un environnement non-coopératif, chaque utilisateur a son propre objectif, tandis que dans un environnement coopératif, tous les utilisateurs peuvent collaborer pour atteindre un seul objectif. Par exemple, plusieurs utilisateurs secondaires peuvent entrer en compétition les uns avec les autres pour accéder au spectre radio (O1, O2, O3, O4 dans la figure III.7) de sorte que leur débit individuel soit maximisé. Au cours de cette concurrence entre les utilisateurs secondaires, tous veillent à ce que l'interférence causée à l'utilisateur primaire est maintenue en dessous de la limite de température de brouillage correspondante. La théorie des jeux est l'outil le plus approprié pour obtenir la solution d'équilibre pour le problème du spectre dans un tel scénario.

Dans un environnement coopératif, les radios cognitives coopèrent les unes avec les autres pour prendre une décision pour accéder au spectre et maximiser une fonction objectif commune en tenant compte des contraintes. Dans un tel scénario, un contrôleur central peut coordonner la gestion du spectre.

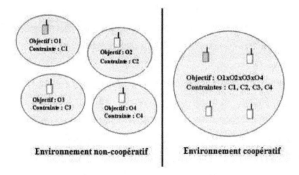

Figure III.7 : Accès au spectre coopératif et non-coopératif

- **Mise en œuvre distribuée du contrôle d'accès au spectre:** dans un environnement multi-utilisateur distribué, pour un accès non-coopératif au spectre, chaque utilisateur peut parvenir à une décision optimale de façon indépendante en observant le comportement (historique / action) des autres utilisateurs du système. Par conséquent, un algorithme distribué est nécessaire pour un utilisateur secondaire pour prendre la décision sur l'accès au spectre de manière autonome.

c. Mobilité du spectre (Spectrum mobility)

C'est le processus qui permet à l'utilisateur de la RC de changer sa fréquence de fonctionnement. Les réseaux radio cognitive essayent d'utiliser le spectre de manière dynamique en permettant à des terminaux radio de fonctionner dans la meilleure bande de fréquence disponible, de maintenir les exigences de communication transparentes au cours de la transition à une meilleure fréquence.

❖ **Recherche des meilleures bandes de fréquence**

La RC doit garder une trace des bandes de fréquence disponibles de sorte que si nécessaire, l'utilisateur peut passer immédiatement à d'autres bandes de fréquences.

❖ **Auto-coexistence et synchronisation**

Quand un utilisateur secondaire effectue un transfert du spectre, deux questions doivent être prises en compte. Le canal cible ne doit pas être actuellement utilisé par un autre utilisateur secondaire et le récepteur de la liaison secondaire correspondant doit être informé de la non-intervention du spectre [23].

III.4 Intelligence artificielle et radio cognitive

Les techniques d'intelligence artificielle (IA) pour l'apprentissage et la prise de décision peuvent être appliquées à la conception de systèmes efficaces de la RC. Le concept de l'apprentissage automatique peut être appliqué à la RC pour la maximisation des capacités d'accès au spectre dynamique. L'architecture du système proposé est illustrée à la figure III.8.

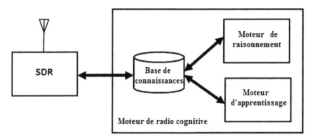

Figure III.8 : Architecture de la radio cognitive avec l'apprentissage automatique

Ici, la base de connaissances maintient les états du système et les actions disponibles. Le moteur de raisonnement utilise la base de connaissances pour choisir la meilleure action. Le moteur d'apprentissage effectue la manipulation des connaissances basées sur l'information observée (des informations sur la disponibilité des canaux, le taux d'erreurs dans le canal).

Dans la base de connaissances, deux structures de données, à savoir, le prédicat et l'action sont définis.

Le prédicat (règle d'inférence) est utilisé pour représenter l'état de l'environnement. Sur la base de cet état, une action peut être effectuée pour modifier l'état de telle sorte que les objectifs du système peuvent être réalisés. Par exemple, un prédicat peut être défini comme la ''modulation == QPSK AND SNR == 5 dB'', tandis que l'action peut être définie comme "mode de modulation en baisse" avec pré-condition "SNR ≤ 8dB" et post-condition "modulation == BPSK".

Compte tenu de l'entrée qui est obtenue à partir de la mesure, le moteur de raisonnement correspond à l'état actuel (modulation et SNR) avec les prédicats et détermine les résultats sous-jacents (vrai ou faux). Puis, à partir de l'ensemble des résultats des prédicats, une action appropriée est prise.

Dans l'exemple ci-dessus, si le SNR actuel est égal à 5 dB et la modulation QPSK est en cours, la pré-condition sera vraie et le prédicat sera actif. En conséquence, le moteur cognitif va décider de réduire le mode de modulation. Dans ce cas, la modulation sera modifiée pour BPSK, comme indiqué dans la post-condition correspondante.

Un algorithme d'apprentissage est utilisé pour mettre à jour à la fois l'état du système et les mesures disponibles en fonction de l'environnement radio. Cette mise à jour peut être faite en utilisant une fonction objectif (réduire le taux d'erreurs binaires) avec un objectif de déterminer la meilleure action compte tenu de l'entrée (la qualité du canal) et les connaissances disponibles [26].

❖ **Algorithmes intelligents**

Les radios cognitives doivent avoir la capacité d'apprendre et d'adapter leur transmission sans fil selon l'environnement radio ambiant. Les algorithmes intelligents tels que ceux basés sur l'apprentissage automatique, les algorithmes génétiques ou la logique floue sont donc essentiels pour la mise en œuvre de la technologie de la RC. En général, ces algorithmes sont utilisés pour observer l'état de l'environnement sans fil et de construire des connaissances sur l'environnement.

Cette connaissance est utilisée par une RC pour adapter sa décision sur l'accès au spectre. Par exemple, une RC (un utilisateur secondaire) peut observer l'activité de transmission de l'utilisateur primaire sur des canaux différents. Cela permet à RC de développer les connaissances sur l'activité des utilisateurs primaires sur chaque canal. Cette connaissance est ensuite utilisée par la RC pour décider quelle voie d'accès choisir, afin que les objectifs de performance souhaités peuvent être atteints (le débit est maximisé alors que l'interférence ou les collisions causées aux utilisateurs primaires sont maintenues en dessous du niveau cible) [23] [27] [28].

III.5 Langages de la radio cognitive

Le réseau n'a aucun langage standard avec lequel il peut poser ses questions et la destination possède la réponse, mais elle ne peut pas accéder à cette information. Elle n'a aucune description de sa propre structure.

RKRL (Radio Knowledge Representation Language), fournit un langage standard dans lequel de tels échanges de données peuvent être définis dynamiquement. Il est conçu pour être employé par des agents logiciels ayant un haut niveau de compétence conduite en partie par un grand stock de connaissances a priori.

Langage	Points forts	Points faibles
SDL	État des machines, diagramme de séquence, base d'utilisateur très large, connaissances bien codées	Plan de représentation, incertitude
UML	Ontologies générales, structure, relations	Matériel, propagation RF
IDL	Interfaces, encapsulation des objets	Informatique générale
KQML	Primitives (ask/tell), sémantique	Informatique générale
KIF	Traitement axiomatique des ensembles, relations, frames, ontologies	Informatique générale, matériel, propagation RF

Tableau III.1 : Langages de la radio cognitive

En plus de la langue naturelle, plusieurs langages sont utilisés (tableau III.1). L'ITU (Union Internationale des Télécommunications) a adopté les spécifications et le langage de description SDL dans ses recommandations. SDL exprime aisément l'état des machines radio, les diagrammes d'ordre de message et les dictionnaires des données relatifs. L'institut européen des normes de télécommunications a adopté SDL en tant que l'expression normative des protocoles radio, ainsi on s'attend à ce que la modélisation SDL de la radio continue à avancer. Cependant, SDL manque de primitives pour la connaissance générale des ontologies.

Le langage de modélisation unifiée UML exprime aisément un logiciel objet, y compris des procédures, des cas d'utilisation, etc. En pratique, il a une présence forte dans la conception et le développement des logiciels, mais il est faible dans la modélisation des dispositifs câblés. En outre, bien qu'UML puisse fournir un cadre de conception pour la propagation radioélectrique, les langages cibles sont susceptibles d'être en C ou en Fortran pour l'efficacité en traçant des dizaines de milliers de rayons d'ondes radio.

CORBA (Common Object Request Broker Architecture) définit un langage de définition d'interface IDL comme une syntaxe d'exécution indépendante pour décrire des encapsulations d'objets. Ce langage est spécifiquement conçu pour déclarer les encapsulations, il manque de la puissance des langages comme le C ou Java.

KQML (Knowledge Query and Manipulation Language), était explicitement conçu pour faciliter l'échange d'une telle connaissance. Basé sur des performatives comme ''Tell'' et ''Ask''. Le plan de KQML pour prendre un taxi du kiosque de l'information à ''Grev Turgatan 16'' emploie la performative ''Tell'' pour indiquer le plan du réseau suivant les indications de la figure III.9. Dans cet exemple, la radio avertit également le réseau que son utilisateur compose un certain e-mail et ainsi il va avoir besoin d'une voie de transmission de données de DECT[2] (Digital Enhanced Cordless Telecommunications), ou de la transmission radioélectrique par paquets de GSM / GPRS en transit.

```
(Tell: language RKRL: ontology Stockholm/Europe/Global/Universe/Version 0.1

  : Move Plan (: owner User (: from Kiosk: to "Grev Turgatan 16"): distance 3522m

(: via (Taxi: probability .9) (Foot: probability 0.03))

(: PCS-needs (:DECT 32 kbps) (:GSM GPRS) (: backlog Composing-email)))
```

Figure III.9 : Expression d'un plan en KQML

KIF (Knowledge Interchange Format) fournit un cadre axiomatique pour la connaissance générale comprenant des ensembles, des relations, des quantités, des unités et de la géométrie simple, etc. Sa contribution principale est forte. Sa structure est comme celle de LIPS, mais comme IDL et KQML, il n'est pas spécifiquement conçu pour l'usage interne.

Le langage naturel souffre des ambiguïtés et de la complexité qui limitent actuellement son utilisation comme langage formel. La version 0.1 de RKRL a été créée pour remplir ces vides dans la puissance expressive des langages de programmation, tout en imposant une parcelle de structure sur l'utilisation du langage naturel [24].

III.6 Domaines d'application de la radio cognitive

- **Les réseaux sans fil de prochaine génération:** la RC devrait être une technologie clé pour la prochaine génération de réseaux sans fil hétérogènes. La RC fournira des renseignements intelligents à la fois pour l'utilisateur et pour le fournisseur d'équipements.

- **Coexistence de différentes technologies sans fil:** l'IEEE 802.22, basée sur les utilisateurs WRAN peut utiliser efficacement la bande TV quand il n'y a pas d'utilisation du téléviseur à proximité ou quand une station de télévision ne diffuse pas.

- **Services de cyber santé (eHealth services):** depuis que les équipements médicaux et les capteurs bio-signal sont sensibles aux interférences électromagnétiques, la puissance d'émission des appareils sans fil doit être soigneusement contrôlée.

En outre, différents dispositifs biomédicaux (équipement et appareils chirurgicaux, de diagnostic et de suivi) utilisent la transmission RF. L'utilisation du spectre de ces dispositifs doit être choisie avec soin pour éviter toute interférence avec l'autre. Dans ce cas, les concepts de la RC peuvent être appliqués.

---

[2] Technologie de transport de la voix en mode numérique sur les réseaux sans fil.

- **Réseaux d'urgence:** les réseaux de sécurité publique et d'urgence peuvent profiter des concepts de la RC pour fournir la fiabilité et la flexibilité de communication sans fil.

- **Réseaux militaires:** avec la RC, les paramètres de la communication sans fil peuvent être adaptés de manière dynamique en fonction du temps et de l'emplacement, ainsi que de la mission des soldats.

III.7 Conclusion

Nous avons présenté dans ce chapitre des notions importantes concernant la radio cognitive qui est un domaine alliant l'intelligence artificielle aux télécommunications.

En tenant compte des standards radios existants ou émergents, on peut constater que dans un même environnement pourraient coexister différentes interfaces radio (UMTS, GSM/GPRS, WIMAX) qui offrent une variété de services.

Afin de pouvoir tirer le maximum de profit de la bande passante globale disponible, une gestion optimisée du spectre s'impose. Elle offre aux utilisateurs un débit supérieur et une meilleure qualité de service, et une augmentation du confort dans les communications.

CHAPITRE IV

Approche retenue

IV.1 Introduction

Comme indiqué dans le chapitre précédent, l'idée de la radio cognitive a été présentée officiellement par Joseph Mitola en 1999, et depuis, ce concept a connu un grand succès auprès des chercheurs de plusieurs domaines tels que la télécommunication, l'intelligence artificielle, et même la philosophie.

Cependant, la documentation concernant la RC est rédigée exclusivement en anglais. Les recherches concernant ce domaine ont commencé en France récemment dans quelques laboratoires comme celui de Bordeaux (LaBRI), d'ailleurs, nous avons pris contact avec un chercheur de ce laboratoire qui nous a affirmé que jusqu'à présent ils ne disposent pas de données réelles utilisables sur la RC et c'est le cas de toute la communauté. Au LaBRI, ils comptent lancer une campagne de mesures bientôt. Pour toutes ces raisons, nous étions obligées de jouer le rôle de l'expert pour attribuer les données nécessaires à notre simulation.

Les applications de la RC sont souvent incluses dans sa définition en raison du caractère impérieux et des applications uniques offertes. En outre, il existe de nombreuses techniques de radio logicielle que la RC est censée améliorer. Les éléments suivants sont souvent préconisés "applications de la radio cognitive":

- Amélioration de l'efficacité spectrale.
- Amélioration de la fiabilité du lien radio.
- Topologie avancée du réseau.
- Techniques de collaboration.
- Automatisation de la gestion des ressources radio.

La plupart des recherches sur les réseaux radio cognitive se sont concentrées sur l'exploitation du spectre non utilisé. Cependant, les nœuds de la RC possèdent les qualités nécessaires pour faire des progrès considérables dans la robustesse et la fiabilité des réseaux sans fil [29], qui par contre a été moins explorée et c'est pour cela que nous nous sommes intéressées à l'amélioration de la fiabilité du lien sans fil.

La connexion mobile de l'utilisateur est généralement constituée d'un enchaînement de réseaux fixes et mobiles. Toute considération de la fiabilité doit tenir compte de la connexion de bout en bout. Ces notions ont longtemps été des domaines de recherche importants dans les réseaux filaires [30] et dans l'infrastructure des réseaux sans fil [31] [32]. Toutefois, la fiabilité de bout en bout est limitée par ses composantes les plus faibles. Traditionnellement, le lien d'accès sans fil est perçue comme le maillon le plus faible, et de nombreuses techniques telles que le codage de canal et de la diversité ont été proposées à la couche physique pour améliorer la qualité de la liaison radio [33].

Avant d'étudier l'utilisation de la RC pour améliorer la fiabilité des réseaux sans fil, nous passerons en revue la notion de fiabilité traditionnelle développée au fil des années pour les réseaux de communication filaire.

IV.2 Fiabilité traditionnelle dans les réseaux de communication

La robustesse du réseau est un facteur majeur de la conception des réseaux filaires due en partie aux exigences réglementaires et les attentes des clients. Elle implique la fiabilité du réseau, qui généralement dans un réseau de communication est liée à la capacité de [32]:

- Prévenir l'apparition de défaillances.
- Résoudre et récupérer les erreurs.

IV.2.1 Mécanismes de prévention

Les réseaux utilisent les mécanismes de prévention pour diminuer l'apparition des pannes. La plupart de ces approches sont basées sur l'utilisation du matériel fiable et logiciels pour les liaisons de transmission et les nœuds. D'autres solutions telles que la sélection des environnements les moins dangereux et les câbles des équipements de communication protégés sont également classés comme des méthodes de prévention.

IV.2.2 Mécanismes de récupération

Les mécanismes de récupération sont divisés en méthodes de protection et méthodes de restauration. Les méthodes de protection sont des techniques de conception de réseau et d'allocation des capacités qui affectent des ressources de sauvegarde à l'avance, alors que les méthodes de restauration tentent de trouver une solution après un échec. Habituellement, les mécanismes de récupération sont hybrides et utilisent un mélange des deux approches [32].

IV.3 Réseaux radio cognitive et fiabilité des liens sans fil

Dans ce contexte, il faut concevoir une architecture de système sans fil qui peut remédier aux défaillances et améliorer la fiabilité des liens sans fil du réseau en utilisant des approches similaires à celles actuellement en place dans les réseaux filaires. Compte tenu des fonctions cognitives, la RC a les attributs nécessaires pour la réalisation de cet objectif. Le cycle de la RC modifié présenté dans la figure IV.1 illustre la capacité inhérente des réseaux radio cognitive de prévenir ou récupérer les erreurs pour améliorer la fiabilité du lien sans fil.

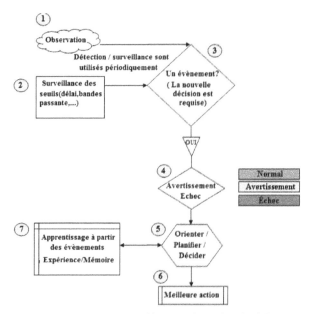

Figure IV.1 : Cycle de cognition pour la gestion des échecs

Les phases 1 et 2 comprennent l'observation de l'environnement, le suivi de la performance et les paramètres de QoS, à la phase 3, la RC détecte si un nouvel évènement s'est produit ou peut se produire dans un proche avenir. Pour faire la décision la plus appropriée, le nœud radio cognitive classe les nouveaux évènements comme un avertissement à la phase 4.

Dans le premier cas, le déploiement des mesures de prévention échoue. Par exemple, si une station radio cognitive mobile détecte que sa distance de la station de base est en augmentation, elle peut passer à un plus faible niveau de modulation et de codage pour prévenir la perte de trajet. Dans l'autre cas, le nœud radio cognitive caractérise l'échec et utilise la protection appropriée et les techniques de restauration (phase 5 et 6). Le nœud radio cognitive peut également apprendre de l'expérience actuelle et des observations pour élaborer des plans plus efficaces à l'avenir (phase 7) [34].

IV.3.1 Mécanismes de prévention
Les techniques de transmission avec un haut niveau de fiabilité sont utilisées dans les réseaux radio cognitive pour réduire la probabilité de défaillance du lien (taux d'échec) ou sa gravité. Par exemple, les techniques de transmission à large bande, tels que l'étalement du spectre, saut de fréquence et OFDMA sont utilisées pour augmenter la fiabilité du réseau sans fil dans des environnements avec des niveaux élevés d'interférence. Quand un nœud radio cognitive détecte un environnement avec un haut niveau d'ingérence ou un réseau primaire qui utilise

des technologies à large bande, il reconfigure la couche physique à une large bande plus appropriée de la technologie. De même, les paramètres de transmission tels que le type de codage de canal, le taux de signalisation et la modulation sont ajustés pour augmenter la fiabilité des utilisateurs distants fonctionnant avec un niveau de bruit plus élevé, ou pour atténuer l'impact des interférences.

IV.3.2 Mécanismes de détection
Une caractéristique importante de la RC est sa capacité de détecter des fréquences. Un canal d'exploitation de fréquence fiable peut donc être choisi en fonction de son niveau de bruit (des utilisateurs primaires ou secondaires), son atténuation et son observation. Des algorithmes de détection sont utilisés pour améliorer la précision.

IV.3.3 Données historiques et prédéfinies
La géographie et l'information environnementale peuvent être obtenues grâce à un GPS dans le nœud radio cognitive. Quand ce dernier connait son emplacement, grâce à l'apprentissage, il peut enregistrer plusieurs évènements expérimentés dans différents endroits et différentes époques [34].

IV.4 Travail effectué

IV.4.1 Scénario
De nombreuses radios adaptatives actuelles permettent d'améliorer la fiabilité de lien par l'adaptation des niveaux de puissance de transmission, par la modulation ou par la correction d'erreurs.

La figure IV.2 illustre un chemin suivi par un abonné mobile quand il commute vers une zone où la qualité du signal chute à un niveau inacceptable (montré en rouge) en raison d'un écart de la couverture, nous supposons que ce client utilise la visioconférence durant ce trajet. Après plusieurs incidents, la RC devrait être consciente de ce problème. Ensuite, par le biais de certaines géolocalisations ou de la capacité d'apprentissage de l'heure de la journée où cela se produit, la radio peut anticiper l'écart de la couverture et connaitre le signal nécessaire à la station de base pour modifier les caractéristiques des signaux quand l'utilisateur s'approche de la couverture déficiente.

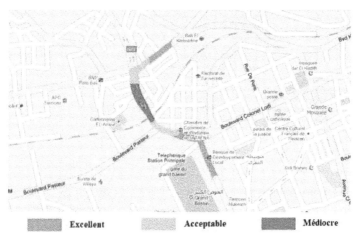

Figure IV.2 : Qualité du signal associée à une radio cognitive

IV.4.2 Qualité de service dans la visioconférence

Avec l'apparition de nouveaux services tels que la visioconférence et le streaming vidéo, la nécessité de traiter les trames une par une et savoir différencier les services devient primordiale.

Pour avoir une bonne QoS dans la visioconférence, il faut assurer les paramètres suivants :

- **Le débit** définit la quantité d'informations transmise selon un intervalle de temps donné **> 384 Kbps**. A partir de **160 Kbps,** on peut parler de QoS acceptable.

- **La latence** (délai ou temps de réponse) caractérise le retard entre l'émission et la réception d'un paquet **< 200 ms**.

- **La gigue** représente la variation du délai **< 30 ms**. Une visioconférence interactive ne peut pas tolérer de longs délais car il n'y a pas assez de temps pour retransmettre les paquets perdus. Les paquets perdus ou trop en retard sont simplement ignorés ce qui provoque une détérioration de l'image et du son.

- **La perte de paquets** correspond à la non-délivrance d'un paquet de données, la plupart du temps due à un encombrement du réseau **< 1%**.

IV.4.3 Application

Comme indiqué précédemment, nous allons utiliser la visioconférence dans le cas d'un utilisateur mobile qui doit emprunter un chemin où la qualité du signal chute à un niveau inacceptable en raison d'un écart de couverture, donnant une QoS très faible. Ceci peut être remédié en utilisant la RC, mais la problématique se pose ; *QUAND* et *POURQUOI* utiliser la radio cognitive ?

Après avoir fait des recherches sur la QoS de la visioconférence, nous avons choisi le paramètre "débit" comme critère pour notre application. Pour cela, une classification des débits est nécessaire et vu que nous jouons le rôle de l'expert, nous avons créé notre propre base de données suivant certaines règles afin de pouvoir appliquer notre approche. La base de données a été divisée en deux parties, une pour l'apprentissage et l'autre pour le test.

Le débit est variable durant la journée même sur le même trajet, c'est pour cela que des mesures ont été prises en considération pendant 5 semaines à 3 intervalles différents de la journée (8h - 11h ; 11h - 15h ; 15h - 17h) et ceci hors week-end.

Nous avons proposé d'affecter les débits de la base aux trois classes suivantes:

- **Gold** concerne les échantillons où le débit est supérieur à **384 Kbps**, assurant une qualité de 100% de satisfaction de l'utilisateur.
- **Silver** concerne les échantillons où le débit est entre **160 Kbps** et **384 Kbps**, de qualité acceptable.
- **Bronze** concerne les échantillons où le débit est inférieur à **160 Kbps**. Ça veut dire que la visioconférence n'est pas satisfaisante et c'est la classe qui nous intéresse le plus car c'est à ce moment que l'on doit considérer la RC.

Figure IV.3 : Classes de la base de données

IV.4.3.1 Première question QUAND

Pour la classification des données, nous avons utilisé trois algorithmes différents issus du domaine de l'apprentissage automatique:

- L'algorithme des *K plus proches voisins* (k-ppv) qui est un algorithme de classification supervisée, que nous avons programmé sous l'environnement java.
- L'algorithme du *perceptron multi couche* (réseaux de neurones), sous Matlab et weka (Waikato Environment Knowledge Analysis) [Annexe A].
- L'algorithme *C4.5* des arbres de décision, sous Weka [Annexe B].

Parmi ceux-ci, l'algorithme k-ppv a été testé avec plusieurs valeurs de K sur la base de test et à chaque fois le résultat différait, mais ce dernier reste satisfaisant jusqu'à la valeur de K=6, nous avons opté pour cet algorithme, vu qu'il a donné de meilleurs résultats, montrés ci-dessous:

Valeur de K	Instances correctement classées		Instances mal classées	
K=1	20	100%	0	0%
K=2	18	90%	2	10%
K=3	18	90%	2	10%
K=4	18	90%	2	10%
K=5	18	90%	2	10%
K=6	18	90%	2	10%

Tableau IV.1 : Classification obtenue avec l'algorithme k-ppv

Dans l'environnement Weka, l'algorithme k-ppv, appelé IBK a donné les résultats ci-dessous:

Valeur de K	Instances correctement classées		Instances mal classées	
K=1	20	100%	0	0%
K=2	19	95%	1	5%
K=3	19	95%	1	5%
K=4	18	90%	2	10%
K=5	18	90%	2	10%
K=6	18	90%	2	10%

Tableau IV.2 : Classification obtenue avec Weka

Interprétation des résultats
Pour **K=1:** tous les exemples de débit ont été bien affectés dans leur classe appropriée, comme le montre la matrice de confusion, ainsi que le graphe ci-dessous:

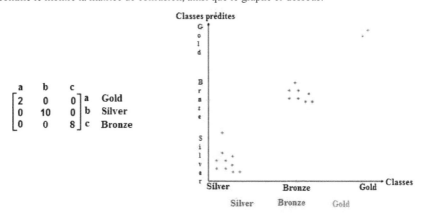

Figure IV.4 : Résultats et matrice de la classification avec K=1

57

Par contre avec **K=2**, un échantillon a été mal classé, nous remarquons cela dans la matrice de confusion et dans le graphe.

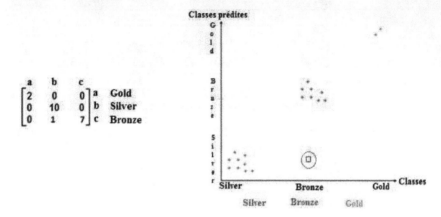

Figure IV.5 : Résultats et matrice de la classification avec K=2

Remarque: les éléments proches du seuil d'une classe sont mal classés, par exemple l'instance qui a un débit de 159 Kbps appartenant à la classe Bronze a été classée dans la Silver, pour les autres K supérieurs c'est encore plus divergent.

Figure IV.6 : Instance mal classée avec Weka

Constat

D'après les résultats obtenus par la classification, la RC va être activée chaque premier jour de semaine de 8h à 11h et de 15h à 17h, et chaque mercredi de 8h à 17h vu qu'à ces intervalles le débit appartient à la classe bronze < 160 Kbps. Donc à travers ce résultat, la question *Quand* est répondue.

IV.4.3.2 Deuxième question POURQUOI

Dans ce qui suit, nous allons justifier l'utilité de la RC, donc expliquer qu'elle est la solution idéale pour tous les scénarios possibles, ceci en supposant que la détection du spectre est déjà faite par le récepteur de notre terminal mobile qui dans notre cas est un MWCT (Multimode Wireless Communication Terminal), donc capable de supporter plusieurs technologies d'accès telles que GSM, WIMAX ou UMTS.

Vu que le spectre n'est pas utilisé à 100%, nous pouvons représenter les bandes de fréquence en deux ensembles: un qui contient les bandes occupées et l'autre qui contient les bandes libres.

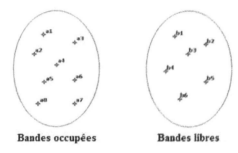

Figure IV.7 : Ensembles de bandes de fréquence

Le terminal mobile doit basculer vers une fréquence libre parmi celles disponibles dans l'ensemble des bandes libres.

Pour notre approche, des scénarios ont été étudiés pour montrer l'utilité de la RC, ceci en se basant sur le nombre de bandes libres et le temps d'utilisation de chacune, nous avons pu identifier trois scénarios possibles:

▪ **Favorable (meilleur des cas):** le récepteur détecte une bande libre est l'utilise durant tout le trajet sans aucune interruption causée par l'utilisateur primaire.

▪ **Défavorable (pire des cas):** le récepteur ne détecte aucune bande libre (ensemble vide) ou alors il détecte quelques bandes mais leur utilisation interfère avec les utilisateurs primaires. Dans ce cas la RC n'est pas utilisée car l'utilisateur secondaire ne doit pas déranger les utilisateurs primaires.

▪ **Fréquent (*n fréquences* et *n sauts*):** le terminal utilise une bande libre b1 puis il y a une interruption causée par l'utilisateur primaire, donc il bascule vers une autre bande libre b2 (il a effectué un saut). Si l'utilisateur primaire de b2 a besoin de sa bande, l'utilisateur secondaire doit basculer une autre fois, et ainsi de suite, jusqu'à la fin de la condition où il opte pour la RC (avant de revenir à sa bande de fréquence initiale), il aura ainsi effectué n sauts.

Pour notre application, nous nous sommes basées sur le nombre de sauts effectués par la RC durant tout le trajet de l'utilisateur secondaire. Dans chacun des scénarios cités précédemment nous avons calculé le temps d'interruption qui est le temps nécessaire pour que le terminal puisse accéder à une bande libre et l'utiliser.

Le temps d'interruption sera défini ainsi:

T.interruption = (T.detection + T.etablissement) x nombre de sauts

Le temps de détection est le temps nécessaire pour détecter une bande libre, il est négligeable par rapport au temps d'établissement, il est même inclus au temps d'établissement pour certains algorithmes qui traitent le handover diagonal[3] ou le handover verical[4].

Dans la littérature, nous avons trouvé que le temps d'établissement nécessaire pour exploiter une bande de fréquence libre d'une autre technologie est de 5 secondes en moyenne [35] [36]. Dans le calcul du temps d'interruption, nous avons négligé le temps du passage vers la RC car il se fait automatiquement par le terminal.

T.detection << T.etablissement

Ce qui nous donne:

T.interruption = T.etablissement x nombre de sauts

On appelle temps de rupture: le temps nécessaire pour revenir à la bande de fréquence initiale, soit la somme du temps d'interruption et du temps d'utilisation de chaque bande, sachant que le temps d'utilisation peut différer d'une bande à une autre selon l'utilisateur primaire.

T.rupture = T.interruption + T.utilisation

Résultats de l'expérimentation

Pour appuyer notre proposition et mieux comprendre cela, nous avons comparé la QoS avec et sans la radio cognitive.

Les graphes ci-dessous illustrent cette comparaison. Afin qu'ils soient lisibles, nous avons supposé que le temps de rupture maximal est de 5 min et que l'ensemble des bandes libres contient 7 bandes.

---

[3] Passage entre réseaux sans fil qui utilisent des technologies sous-jacentes communes comme la norme IEEE 802.
[4] Passage d'une technologie d'accès à une autre.

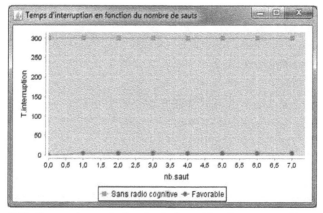

Figure IV.8 : Comparaison entre le scénario favorable et le cas sans radio cognitive

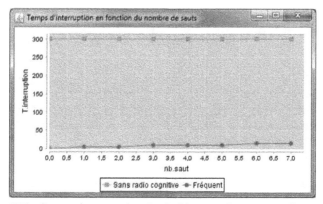

Figure IV.9 : Comparaison entre le scénario fréquent et le cas sans radio cognitive

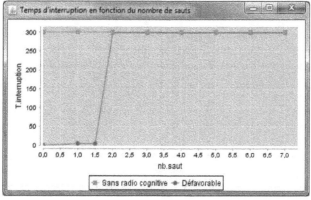

Figure IV.10 : Comparaison entre le scénario défavorable et le cas sans radio cognitive

Interprétation des résultats

Les graphes modélisés ci-dessus représentent le temps d'interruption en fonction du nombre de sauts effectué. Nous remarquons que quelque soit le nombre de sauts, le cas avec la RC reste bien meilleur que celui sans RC.

D'après le premier graphe, certes nous avons perdu 5 secondes pour se connecter à la nouvelle bande mais on voit que la RC nous a fait gagner 295 secondes qui est le temps sans interruption.

Pour le deuxième graphe, nous avons effectué 3 sauts, c'est-à-dire que le temps d'interruption est de 5s x 3 sauts: 15s. Malgré cela , le cas avec la RC reste toujours meilleur.

Concernant le troisième graphe, un seul saut a été effectué mais la connexion a été interrompue par l'utilisateur primaire dès le début, donc nous avons profité de la RC durant quelques secondes.

Constat

Quel que soit le nombre de sauts effectués, l'utilisation de la radio cognitive reste toujours plus efficace.

IV.4.4 Diagramme récapitulatif

Les étapes suivies pour aboutir au résultat final sont décrites ci-après:

Nous avons spécifié deux objectifs consistant à utiliser la RC quand le débit est de classe Bronze et de prouver ensuite l'importance de son utilisation. Ensuite, nous avons choisi la visioconférence pour appliquer notre approche.

Puis, vient l'étape de la collecte d'informations qui identifie les sources de données disponibles, mais ne disposant pas de données réelles, nous avons joué le rôle de l'expert pour attribuer les mesures et les étiqueter.

Après cela, une modélisation du problème s'est imposée. Nous avons utilisé des techniques d'apprentissage automatique tels que l'algorithme des *K plus proches voisins*, le *perceptron multi couche* et l'algorithme *C4.5*. Suite aux résultats nous avons retenu des règles du genre: Si ''Mercredi'' et ''8h-11h'', alors ''utiliser la radio cognitive''.

Enfin, une comparaison a été faite pour montrer que la RC est utilisée pour l'amélioration de la fiabilité d lien sans fil. Et bien sûr une évaluation sera obligatoire une fois que l'on dispose de mesures réelles.

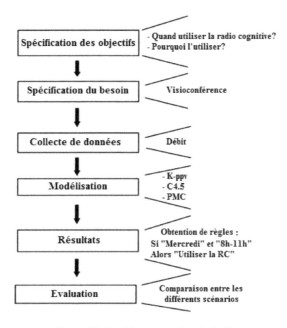

Figure IV.11 : Diagramme récapitulatif

IV.5 Conclusion

Nous avons présenté dans ce chapitre notre approche qui utilise la RC pour améliorer la fiabilité du lien sans fil. Notre contribution se positionne dans l'étape 7 (apprentissage à partir d'évènements) du cycle de cognition modifié. Notre rôle d'expert nous a permis de choisir le paramètre débit pour effectuer une classification qui permet au terminal utilisé d'acquérir de l'expérience pour les prochains évènements, c'est-à-dire qu'il saura l'heure et la date durant la quelle il activera la RC.

L'utilité de la RC est une hypothèse que nous avons pu prouver en se basant sur le temps nécessaire pour qu'une connexion à une nouvelle bande de fréquence s'établisse et ceci quel que soit le nombre de bandes de fréquences qu'un terminal utilise pour remédier à un échec de connexion.

Le travail réalisé dans le cadre de ce PFE a été soumis à une conférence francophone en France qui s'intéresse à plusieurs thèmes réseaux dont la radio cognitive.

Conclusion générale et perspectives

Une radio cognitive est un système radio qui met en place, en plus de sa fonction principale (la communication), un "cycle cognitif" qui lui permet de comprendre son contexte et d'agir en conséquence.

La fiabilité du lien, fonction critique dans tout système de radiocommunication, constitue l'objet de cette étude. Nous avons ainsi exploré certains aspects du problème de la fiabilité traditionnelle pour ensuite le résoudre en introduisant la radio cognitive.

Dans un premier temps, nous avons choisi d'utiliser la visioconférence comme application pour notre scénario. Améliorer la fiabilité du lien dans le cas de la visioconférence signifie améliorer sa qualité de service. Une fois que les paramètres de QoS définis, notre choix s'est porté sur le débit.

Après cela, nous avons réalisé une classification des débits pour savoir à quel moment lancer la radio cognitive pour ensuite prouver que cette dernière reste toujours la plus efficace.

Naturellement, d'autres nombreuses études restent à mener pour compléter ces travaux. En particulier, il serait intéressant de penser à utiliser les méthodes d'optimisation pour améliorer plusieurs fonctions de la radio cognitive.

Au cours de la détection, le terminal radio ne peut pas transmettre dans la même bande de fréquence. Cependant, plus la période d'observation est longue, plus précis sera le résultat. C'est pour cela que nous pensons qu'il est utile d'intégrer les techniques d'optimisation pour améliorer la période de détection.

Concernant la fiabilité du lien sans fil, nous pensons que des algorithmes d'optimisation peuvent être appliqués pour que le terminal puisse choisir la meilleure bande de fréquence libre pour faciliter l'allocation dynamique des bandes.

Enfin, il serait intéressant de faire une expérimentation et une mise au point des politiques de notre approche sur un site réel en utilisant de vraies données.

Glossaire

Acronyme	Signification
ADSL	Assymetric Digital Suscriber Line
AES	Advanced Encryption Standard
AM	Amplitude Modulation
BSS	Basic Service Set
CDMA	Code Division Multiple Access
CORBA	Common Object Request Broker Architecture
DECT	Digital Enhanced Cordless Telecommunications
DVB	Digital Vidéo Broadcasting
EDGE	Enhanced Data Rates for GSM Evolution
FCC	Federal Communications Commission
FDMA	Frequency Division Multiple Access
FM	Frequency Modulation
GPRS	General Packet Radio Service
GPS	Global Positioning System
GSM	Global System for Mobile
1G	Première Génération
2G	Deuxième Génération
3G	Troisième Génération
4G	Quatrième Génération
HiperLan	High Performance Lan
HomeRF	Home Radio Frequency
IA	Intelligence Artificielle
IBSS	Independent Basic Service Set
IDL	Interface Definition Language
IEEE	Institute of Electrical and Electronics Engineers
ISM	Industrial, Scientific and Medical
ITU	Union Internationale des Télécommunications
KIF	Knowledge Interchange Format
KPPV, IBK	K Plus Proches Voisins
KQML	Knowledge Query and Manipulation Language
KTH	Kungliga Tekniska högskolan (Institut royal de technologie)
LaBRI	Laboratoire Bordelais de Recherche en Informatique
LAN	local Area Network
LTM	mémoire à long terme
MAC	Medium Access Control
MIMO	Multiple-Input Multiple-Output
MMS	Multimedia Message Service
MSC	Mobile Switching Center
MWCT	Multimode Wireless Communication Terminal
NSS	Network Station Subsystem
OFDM	Orthogonal Frequency Division Multiplexing
OFDMA	Orthogonal Frequency Division Multiple Access
OSI	Open Systems Interconnection
PM	Phase Modulation
QoI	Quality of Information

QoS	Quality of Service
RC	Radio Cognitive
RF	Radio Frequency
RKRL	Radio Knowledge Representation Language
RTC	Réseau Téléphonique Commuté - réseau fixe
SDL	Service Description Language
SDR	Radio logicielle restreinte
SMS	Short Message Service
STM	mémoire à court terme
TDMA	Time Division Multiple Access
TKIP	Temporal Key Integrity Protoco
UHF	Ultra High frequency
UIT	Union Internationale des Télécommunications
UML	Unified Modelisation Language
UMTS	Universal Mobile Telecommunications System
VHF	Very Hight Frequency
WAP	Wireless Application Protocol
WEKA	Waikato Environment Knowledge Analysis
WEP	Wired Equivalent Privacy
WiFi	Wireless Fidelity
Wimax	Worldwide Interoperability for Microwave Access
WLAN	Wireless Local Area Network
WMAN	Wireless Metropololitan Area Network
WPA	Wireless Protected Access
WPAN	Wireless Personnal Area Network
WRAN	Wireless Regional Access Networks
WWAN	Wireless Wide Area Network

Références bibliographiques

[1] http://fr.wikipedia.org/wiki

[2] http://espace-svt.ac-rennes.fr/applic/images'sat/ondes/ondes.htm

[3] http://www.commentcamarche.net

[4] http://wndw.net

[5] http://www.mines.inpl-nancy.fr/~tisseran/I33_Reseaux/ethernet/multiplexage.html

[6] http://www.strategiestm.com/DT-13-Le-multiplexage.html

[7] L. Boulianne, "*Système de communication optique à accès multiple par répartition de code à saut rapide de fréquence*", université Laval, 2001.

[8] J. Nakad, "*Allocations de ressources radio dans un réseau local sans fil (WLAN) de type OFDM* ", université libanaise, 2003.

[9] N. Fourty, "*Etude de la méthode d'étalement OFDMA sur un WMAN:802.16e*", 2006.

[10] http://eleves.enpc.fr/rsf/index.htm

[11] http://www.pouf.org/documentation/securite/html/node25.html

[12] http://www.journaldunet.com/solutions/0111/011115_faq_sansfil.shtml

[13] http://www.ybet.be/hardware2_ch11/Reseau_sans_fil.htm

[14] http://knol.google.com/k/réseaux-sans-fil-et-les-réseaux-mobiles#

[15] S. Mian, "*Wimax ou l'évolution des réseaux sans fil*", Lex Electronica, vol. 11, no. 1, Spring 2006.

[16] http://onlinelibrary.wiley.com/doi/10.1002/nem.684/abstract

[17] H. Badis, "*Les réseaux mobiles et sans fil*", université de Paris-Est Marne-la-Vallée, 2011.

[18] S. Pierre, "*Introduction aux Réseaux Mobiles*", Geninov Inc., 2008.

[19] http://www.crc.gc.ca/fr/html/crc/home/research/rrba/ieee_802.22

[20] A. Metref, "*Contribution à l'étude du problème de Synchronisation de porteuse dans le contexte de la Radio Intelligente*", Novembre 2010.

[21] J. Mitola and G. Maguire "*Cognitive radio: Making software radios more personal*", IEEE Personal Communications, August 1999.

 S. Haykin, "*Cognitive radio: Brain empowered wireless communications*", IEEE journal on selected areas in communications, vol. 23 no. 2, February 2005.

[23] E. hossain, D. Niyan, Zhu Han, "*Dynamic Spectrum Access and management in cognitive radio networks*", Cambridge University Press 2009.

[24] J. Mitola, "*Cognitive radio: An integrated agent architecture for software defined radio*", Ph.D. Dissertation, KTH, 2000.

[25] I. Ngom et L. Diouf, " *La radio cognitive*", université Lille 1 USTL, 2008.

[26] C. Clancy and Al, "*Applications of machine learning to cognitive radio networks*", IEEE Wireless Communications, vol. 14, no. 4, September 2007.

[27] N. Baldo and M. Zorzi, "*Cognitive network access using fuzzy decision making*", IEEE International Conference on Communications (ICC), June 2007.

[28] A. Fehske and Al, "*A new approach to signal classification using spectral correlation and neural networks*", IEEE International Symposium, November 2005.

[29] J. Neel, "*Analysis and Design of Cognitive Radio Networks and Distributed Radio Resource Management Algorithms*", faculty of the Virginia Polytechnic Institute and State University, September 2006.

[30] J. Vasseur, M. Pickavet, and P. Demeester, "*Network Recovery: Protection and Restoration of Optical*", SONET-SDH, IP, and MPLS, Ed. Morgan Kauffman, 2004.

[31] A. P. Snow, U. Varshney, and A. D. Malloy, "*Reliability and survivability of wireless and mobile networks*", Computer, vol. 33, no. 7, July 2000.

[32] D. Tipper and Al, "*Providing fault tolerance in wireless access networks*", IEEE Commun. Mag, vol. 40, no. 1, January 2002.

[33] D. Tse and P. Viswanath, "*Fundamentals of Wireless Communications*", Cambridge University Press, 2005.

[34] A. Azarfar and Al, "*Improving the reliability of Wireless Networks Using Cognitive Radios*", IEEE Communications Surveys & Tutorials, March 2011.

[35] S. Busanelli and Al, "*Vertical Handover between WiFi and UMTS Networks: Experimental Performance Analysis*", International Journal of Energy, Information and Communications, Vol. 2, Issue 1, February 2011.

[36] Z. Daia and Al, "*Vertical handover criteria and algorithm in IEEE 802.11 and 802.16 hybrid networks*", Laboratoire de aMotorola Paris, May 2008.

Annexe A

Pour la classification en utilisant l'algorithme du perceptron multi couche (PMC) des réseaux de neurones, nous avons obtenu les résultats suivants:

Avec Weka :

Couches Cachées	Pas d'apprentissage	Epochs	Instances correctement classées		Instances mal classées	
A	0.3	500	59	98,33%	1	1,66%
A	0.5	500	57	95%	3	5%
1	0.3	500	51	85%	9	15%
1	0.3	1000	50	83,33%	10	16,66%
1	0.5	1000	50	83,33%	10	16,66%
2	0.3	500	59	98,33%	1	1,66%
2	0.3	1000	58	96,66%	2	3,33%
2	0.5	1000	59	98,33%	1	1,66%

Tableau A.1: Résultats obtenus avec l'algorithme PMC

La figure ci-dessous montre un réseau de neurones qui contient 2 couches cachées, un pas d'apprentissage de 0.3 et 500 epochs.

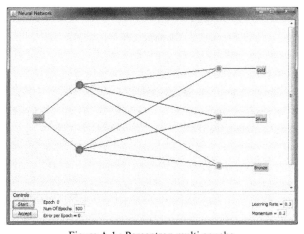

Figure A.1 : Perceptron multi couche

Avec Matlab, nous avons obtenu une classification de seulement 84% avec 3 couches cachées, un pas d'apprentissage de 0.2 et 300 epochs:

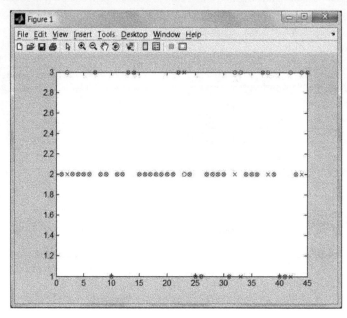

Figure A.2 : Classification avec Matlab

Remarque

Le PMC n'a pas donné de résultats très satisfaisants, d'ailleurs nous n'avons pas obtenu de 100%, malgré le changement des paramètres comme le nombre de couches cachés, le nombre d'epochs et le pas d'apprentissage.

Annexe B

Pour la classification en utilisant les arbres de décision, nous avons choisi l'algorithme J.48 de weka qui est équivalent à C4.5, il a correctement classé toutes les instances. Les résultats obtenus sont les suivants:

- Instances correctement classées   60   100   %
- Instances mal classes   0   0   %

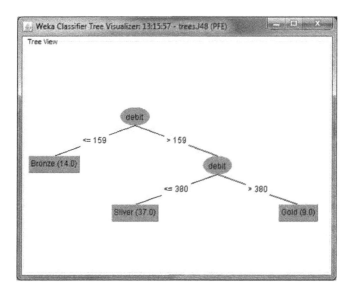

Figure B.1 : Arbre de décision

Remarque

Même si les résultats sont satisfaisants, l'arbre de décision généré ne correspond pas exactement à ce qu'on veut car pour lui la classe GOLD commence à partir d'un débit de 380 Kbps au lieu de 384 Kbps, ce qui peut générer des erreurs par la suite en mal classant quelques instances.

Résumé

La radio cognitive est née du besoin d'introduire de l'intelligence et de la flexibilité dans la gestion des ressources spectrales devenues de plus en plus précieuses avec la prolifération rapide de standards et services de radiocommunication. Elle propose d'exploiter d'une manière dynamique et opportuniste les bandes de fréquences inutilisées durant l'absence des utilisateurs prioritaires. Notre contribution dans le cadre de ce livre est la proposition d'une nouvelle approche qui utilise la radio cognitive pour améliorer la fiabilité du lien sans fil pour un terminal mobile.

Mots-clés

Radio cognitive – spectre de radio fréquence – bande de fréquence – fiabilité du lien sans fil – qualité de service – algorithmes de classification

Abstract

Cognitive radio is born of the need to introduce intelligence and flexibility in managing spectrum resources that become increasingly valuable with the rapid proliferation of standards and radio services. It proposes to exploit the unused frequency bands with a dynamic and opportunistic manner during the absence of primary users. Our contribution in this thesis is to suggest a new approach using cognitive radio to improve reliability of wireless link for a mobile terminal.

Keywords

Cognitive radio – radio frequency spectrum – frequency band – wireless link reliability – quality of service – classification algorithms

www.ingramcontent.com/pod-product-compliance
Lightning Source LLC
La Vergne TN
LVHW042346060326
832902LV00006B/417